DANS LA MÊME COLLECTION

Bruno BERNARDI, *Qu'est-ce qu'une décision politique ?*

Hélène BOUCHILLOUX, *Qu'est-ce que le mal ?*

Christophe BOURIAU, *Qu'est-ce que l'imagination ?*

Alain CAMBIER, *Qu'est-ce que l'État ?*

Alain CAMBIER, *Qu'est-ce qu'une ville ?*

Patrice CANIVEZ, *Qu'est-ce que la nation ?*

Stéphane CHAUVIER, *Qu'est-ce qu'une personne ?*

Paul CLAVIER, *Qu'est-ce que la théologie naturelle ?*

Jérôme DOKIC, *Qu'est-ce que la perception ?*

Éric DUFOUR, *Qu'est-ce que la musique ?*

Jean-Yves GOFFI, *Qu'est-ce que l'animalité ?*

Gilbert HOTTOIS, *Qu'est-ce que la bioéthique ?*

Michel LE DU, *Qu'est-ce qu'un nombre ?*

Pierre LIVET, *Qu'est-ce qu'une action ?*

Lorenzo MENOUD, *Qu'est-ce que la fiction ?*

Michel MEYER, *Qu'est-ce que l'argumentation ?*

Jacques MORIZOT, *Qu'est-ce qu'une image ?*

Roger POUIVET, *Qu'est-ce que croire ?*

Joseph VIDAL-ROSSET, *Qu'est-ce qu'un paradoxe ?*

QU'EST-CE QUE LA DÉMOCRATIE ?

COMITÉ ÉDITORIAL

CHEMINS PHILOSOPHIQUES

Collection dirigée par Roger POUIVET

Anne BAUDART

QU'EST-CE QUE LA DÉMOCRATIE ?

Paris

LIBRAIRIE PHILOSOPHIQUE J. VRIN

6, place de la Sorbonne, Vᵉ

2005

Karl Popper, *La société ouverte et ses ennemis*, traduction française J. Bernard et Ph. Monod
© Paris, Éditions du Seuil, 1979

© *Librairie Philosophique J. VRIN,* 2005
Imprimé en France
ISBN 2-7116-1710-6

www.vrin.fr

QU'EST-CE QUE LA DÉMOCRATIE ?

Les mots, l'histoire, et la réalité

L'examen de la notion de démocratie exige un passage obligé par l'histoire et l'évolution des mentalités, des institutions, des mutations sociales et économiques, qui met au jour peu à peu l'avènement d'un régime politique autre que la monarchie, ou la tyrannie que les Grecs connaissent depuis de longs siècles. Si le VIe siècle voit apparaître la révolution clisthénienne de l'isonomie – l'égalité des citoyens devant la loi –, n'est-ce pas au prix d'une rupture violente et graduée à la fois avec le système palatial archaïque et ses royautés successives, avec le plus souvent pour dénominateur commun la concentration des pouvoirs, politique, religieux, militaire, dans les mains d'un seul, même si peu à peu cette concentration laisse percevoir quelques fissures, qui promettent une distribution autre des puissances en place ?

Les termes de *monarkhia* et de *turannis*, qui désignent le pouvoir personnel détiennent une ancienneté avérée. Ceux de *dèmokratia* et d'*aristokratia* sont, eux, beaucoup plus tardifs. Le second, forgé au Ve siècle seulement, par exemple, apparaît notamment chez l'historien Thucydide, pour faire un contrepoids moral à l'*oligarkhia*, souvent entachée d'un sens défavorable. Il n'est pas indifférent que le terme *aristokratia* ait été construit sur le même mode que *dèmokratia*.

L'*arkhè* renvoie plutôt au commandement, le *kratos* à la souveraineté.

> Tandis que le monarque ou les *oligoi* «commandent» aux autres, le peuple ne saurait «commander» à lui-même puisqu'il est l'ensemble des citoyens : ceux-ci n'exercent pas tous à la fois les *arkhai* (magistratures), mais détiennent, par l'assemblée du peuple, une domination collective et globale, le *kratos*[1].

Certes, les deux termes en *arkhè* et *kratos* ainsi que leurs deux formations en -*arkhia* et en -*kratia* expriment l'une et l'autre «le pouvoir». Ils peuvent parfois s'équivaloir ou se superposer, mais aussi se différencier.

Deux grandes directions politiques peuvent alors être dégagées : la *turannis-monarkhia*, caractérisée par le pouvoir personnel, et l'*eunomia*, au VIᵉ siècle désignant la discipline collective, préparant l'*isonomia*, puis la *dèmokratia* du Vᵉ siècle. La démocratie n'est pas née *ex nihilo*. L'œuvre législatrice de Solon a préparé celle de Clisthène, l'*eunomia* – le bon ordre, l'ordre juste – a préparé l'*isonomia* – l'ordre égal –.

Les mots là encore, ont leur poids, leur richesse propre. Ils réfèrent d'abord à l'ordre et à la loi, non à l'*arkhè*, au pouvoir. Ils désignent une réalité de régime opposé à la tyrannie et mettent en scène une autre conception des rapports sociaux, un autre mode de relations entre les personnes, plus soucieux d'équité, de répartition juste des biens et des richesses, où le maître est la loi commune, non la volonté de puissance de tel ou tel ni sa supériorité de naissance. Le terme d'isonomie et la réalité à laquelle il renvoie montre un progrès par rapport à l'eunomie en instituant l'égalité à l'intérieur du corps politique. L'idée de partage est au cœur de la notion. L'organisa-

---

1. J. Bordes, *Politeia dans la pensée grecque jusqu'à Aristote*, Paris, Les Belles Lettres, 1982, p. 238.

tion égale de type isonomique signifie l'absence de privilèges, de pouvoir supérieur à celui des autres.

L'*isonomia* est bien à cet égard le premier mot grec qui suggère le pouvoir de droit égal pour tous à l'intérieur d'un groupe bien défini. Hérodote forgera celui d'*isokratia*[1] pour désigner le pouvoir des égaux. L'isonomie est pour l'historien grec le nom même de la démocratie, le régime où le « peuple » (*plèthos*) commande. Le « peuple » ici renvoie à une entité multiforme, par opposition au régime d'un seul – monarchie – ou de plusieurs – oligarchie –. Le « peuple » déborde l'unique, le « quelques-uns », même s'il est loin encore de désigner « tous ». La langue grecque, avec le terme *dèmokratia* et la référence plus précise au peuple comme *dèmos*, poussera plus loin encore l'idée de partage de l'égalité citoyenne jusqu'à former une souveraineté de corps public.

Du *plèthos* au *dèmos*, la différence va se révéler, en effet, conséquente : depuis Homère, *plèthos* désigne la foule, la « masse » plus ou moins informe de gens, qui ne sont ni beaux ni bons, mais se remarquent plutôt par leur aveuglement, leur comportement souvent insensé. *Plèthos* est quasi synonyme alors d'*homilos* (foule, multitude) ou d'*ochlos* (foule, multitude, « bas peuple », populace), tous les trois signifiant la foule, la multitude, l'agrégat sans cohésion, sans unité, sans organisation. Le second, *dèmos*, consacré notamment par Périclès, désigne « le peuple » comme corps des citoyens, entité politique et juridique fondant et structurant la démocratie comme « pouvoir du peuple ». Nouveau corps public, le *dèmos* se détache, dans sa définition et son essence, de la « masse », de la « multitude » disparate, de la foule sans ordre, sans principe directeur, sans unité, sans critères distinctifs. De plus, à l'âge pré-démocratique ou démocratique, il exigera des conditions précises d'âge, de sexe, de naissance, de cens,

1. Hérodote, *Enquête*, V, 92, trad. fr. A. Barguet, « Folio », Paris, Gallimard, 1990 : l'isocratie est « le régime où le pouvoir appartient à des égaux ».

parfois, de lieu géographique, de production, d'engagement militaire, etc.

Dès que le *dèmos* contemporain de l'âge démocratique perdra son attribut essentiel, de corps homogène de citoyens, les philosophes, rejoints par les historiens, ne manqueront pas de dénoncer non seulement sa perversion sémantique, mais surtout sa perte d'identité ontologique, par sa régression à la seule entité numérique de la foule, masse ou multitude. Le *dèmos* sans ordre, sans loi, sans souveraineté et citoyenneté partagées, signe sa dénaturation. L'histoire grecque est pleine de ces dérives, de ces oscillations incessantes entre un gain sans précédent, l'avènement du régime de la participation populaire et citoyenne, et une perte, liée aux difficiles exigences impliquées par la souveraineté d'un corps, qui appelle le choix toujours préférentiel de l'intérêt public par rapport au seul intérêt privé. Dès son avènement, la démocratie porte en elle-même l'ambivalence qui la caractérise, semble-t-il, tout au long de son histoire antique et moderne : régime de liberté et d'égalité, elle implique l'obéissance à la loi dont le *dèmos* est l'auteur, une participation active aux affaires publiques, la fidélité à une constitution qui est son propre, une souveraineté qui exclut, par définition, toute forme de tyrannie ou de « despotisme ». Le droit et le fait, le devoir-être et l'être, auront souvent des difficultés à coexister selon un registre d'adéquation plénière, d'excellence et d'harmonie. Selon les périodes, la correspondance entre l'idéal et le réel, le normatif et le factuel, présente des rapports dont certains méritent d'être davantage mis au jour, peut-être, que d'autres. Mais comment se mettent-ils en place aux origines de la démocratie ? Par quelles mesures, quelles institutions, quelle législation ? Comment se donne à voir sur la scène de l'histoire l'organisation politique, sociale, juridique, de la démocratie ?

Eunomia et isonomia, *conditions de la* dèmokratia

Élu archonte en 594-593 et doté des pleins pouvoirs jusqu'en 591, Solon, soucieux d'endiguer une crise paysanne aiguë et d'éviter la guerre civile, prend d'abord une mesure de libération des paysans asservis, endettés excessivement et spoliés du fruit de leur travail au profit des propriétaires des terres. La *seisachteia* – la « levée du fardeau », ou l'abolition de la dette – obéit à un souci de justice, à une volonté de rétablir un ordre qui ne lèse pas, par principe, qui n'est pas « bien né ». Solon ne se résout pas à laisser subsister « la servitude indigne », n'hésite pas à libérer qui était injustement aliéné.

> Je l'ai fait par la force de la loi (*kratei nomou*), unissant la contrainte et la justice… J'ai rédigé des lois égales pour le bon et pour le méchant, fixant pour chacun une justice droite.

En tout, Solon a voulu se tenir « aussi ferme qu'une borne (*horos*) », au centre du cosmos politique, pour ne pas faillir à un idéal d'organisation sociale, politique, économique, plus juste, qui refuse de favoriser tel ou tel, selon le règne de l'arbitraire ou de la puissance nue. Seul le règne d'un *nomos* importe au législateur, pour lui-même, comme pour autrui. Il ne se conçoit pas au-dessus de la loi. Il s'y soumet. *Nomos* et *Dikè* – Loi et Justice – vont former désormais le couple indissociable de la nouvelle configuration sociale et politique des hommes.

Les poésies politiques de Solon rapportées, par exemple, par Aristote dans la *Constitution d'Athènes*[1], montrent le souci de la mesure juste, qui animait l'œuvre du législateur. Ne pas donner trop, ni trop peu, éviter la satiété ou l'excessive frustration, œuvrer à promouvoir une culture de la loi réglée et durable, non celle de l'impulsion aveugle et éphémère, tels pourraient être les pôles centraux de l'*eunomia* solonienne

---

1. Aristote, *Constitution d'Athènes*, trad. fr. G. Mathieu, Paris, Les Belles Lettres, 1985, XII, 4-5. Voir aussi Plutarque, *Vies parallèles*, I, 14-15, trad. fr. R. Flacelière et E. Chambry, « Bouquins », Paris, Robert Laffont, 2001.

qu'Aristote, deux siècles plus tard, n'hésite pas à qualifier de « démocratique ». L'idéal moral de la *sôphrosunè* – la tempérance, vertu du juste milieu par excellence – sert dorénavant un dessein politique, social, économique et juridique. Il œuvre à la construction d'une « cité harmonieuse et accordée, où les riches, loin de désirer toujours plus, donnent aux pauvres leur superflu – où la masse loin d'entrer en révolte, accepte de se soumettre à ceux qui, étant meilleurs, ont droit de posséder davantage »[1].

Pour la première fois dans l'histoire d'Athènes, les classes moyennes – les *mesoi* – peuvent accéder à des magistratures subalternes et les plus déshérités – les thètes, membres de la quatrième classe censitaire – deviennent, en droit, membres à part entière du *dèmos*. Ils font partie de l'Assemblée et des tribunaux. Chacun appartenant aux trois autres classes reçoit une magistrature proportionnée à sa fortune. Le règne de la proportion s'instaure, préparant une nouvelle conception de l'égalité et du partage. Le critère, auparavant unique, de la naissance se voit supplanté peu à peu par celui du revenu, de la production ou de la propriété. Le tirage au sort orchestre l'accès aux magistratures, à partir d'une liste préalable de candidats répartis selon les quatre tribus ioniennes primitives.

Solon parvient, à l'aube du VIe siècle, à remettre de l'ordre dans la crise athénienne, par la suppression de la dépendance paysanne et la rédaction de lois accessibles et communes à tous que l'on grava sur des tablettes de bois mobiles. Entrer dans le détail et les débats d'érudits sur les réformes imputables ou non en vérité au législateur déborde le propos. Importe surtout l'émergence d'une conception autre du droit, une visée plus juste de l'organisation sociale qui constitue la cité en un corps d'*homoioi*, de « semblables ».

Clisthène, à la fin du VIe siècle, va opérer le passage des *homoioi* aux *isoi* – des « semblables » aux « égaux » – et

---

1. J.-P. Vernant, *Les origines de la pensée grecque*, Paris, PUF, 1969, p. 87.

sceller l'institution du « plus beau des régimes », selon le mot d'Hérodote : l'isonomie démocratique. L'esprit des réformes soloniennes ne s'est pas répandu en un jour. La tyrannie a connu des retours, sous des formes mesurées ou violentes. Celle de Pisistrate, consécutive au règne de Solon et désireuse de continuer son œuvre, n'est pas dépourvue « d'esprit démocratique », aux dires d'Aristote. La lutte contre les factions, les rivalités propres aux « bien nés », anime Pisistrate, comme le souci aigu du bien commun, de l'unité ou de la grandeur d'Athènes, à promouvoir sous tous les aspects urbains, architecturaux, religieux ou commerciaux. « En tout, il voulait gouverner selon les lois, sans s'accorder aucune prérogative », note Aristote dans la *Constitution d'Athènes* [1].

Les fils de Pisistrate, Hipparque et Hippias, à la mort de leur père en 527, lui succèdent et infléchissent peu à peu leur politique vers une voie plus personnelle, confondant la gloire d'Athènes et la leur. Le pouvoir d'Hippias est renversé en 510, date d'importance marquant la fin des grandes tyrannies athéniennes. Quoi qu'il en soit, les Pisistratides représentent une période charnière entre l'eunomie solonienne et l'isonomie clisthénienne. De la tyrannie allait sortir en quelque sorte la démocratie. Le régime d'un seul allait laisser la place au régime de tous.

Clisthène exerce l'archontat en 525-524, sous les fils de Pisistrate et connaît même un temps l'exil. En 508 – 507, devenu « chef du parti démocratique » – en d'autres termes, sûr du soutien du *dèmos* –, Clisthène s'emploie à prolonger l'œuvre institutionnelle de Solon. Il modèle autrement le territoire de l'Attique, le divise en dix tribus au lieu des quatre précédentes et divise celles-ci en trois parties ou trytties : une située sur la côte, l'autre dans la ville, et ses proches environs, la dernière dans l'intérieur des terres. Chaque tryttie regroupe un nombre variable de dèmes – au total, une centaine de petits

---

1. Aristote, *Constitution d'Athènes*, XVI, 8.

centres territoriaux dotés d'une vie municipale, d'une administration locale, avec ses assemblées, ses magistrats, ses décrets.

Ce remodelage de l'espace civique procède d'une volonté
d'intégrer à la cité de nouveaux citoyens (*neopolitai*) qui
seront désignés dorénavant par leur dème d'appartenance et
non par le nom paternel, mais aussi d'un souci d'égalité pour
l'accès aux magistratures, par exemple, et la participation au
vivre-ensemble national ou local. Il met en place une organisation géométrique, géographique, et géopolitique de la société,
où la possession des terres n'est plus la condition de la citoyenneté. Clisthène est animé par le souci de transcender les clivages « naturels », de naissance ou de fortune, d'hérédité ou
d'héritage, par la volonté de réduire les appétits de puissance,
les annexions de pouvoir, la mainmise sur les organes de
décision et d'exécution.

> En créant des cadres à l'intérieur desquels se répartissaient
> des citoyens d'origine ancienne ou récente, des milieux diver-
> sifiés (Eupatrides, artisans, paysans), il fonda la cité-nation,
> tout en posant les bases d'un État de type nouveau, la cité
> démocratique [1].

Grâce à cette nouvelle donne, la cité allait pouvoir affronter,
unie et fortifiée, les aléas et les dangers des guerres médiques.

Par ailleurs, nulle volonté « révolutionnaire » n'anime le
législateur athénien. Il laisse subsister les anciennes structures
religieuses de l'Attique archaïque ainsi que les quatre classes
soloniennes. Il procède uniquement à une réorganisation politique et militaire à partir de la répartition des citoyens selon les
dix tribus. S'il ne fonde pas à proprement parler, la démocratie,
Clisthène la rend possible. Les dèmes vont devenir le théâtre
d'une vie démocratique, marquée par le débat, la parole publi-

1. O. Wattel, *La politique dans l'Antiquité grecque*, Paris, Armand Colin,
1999, p. 40. Voir aussi Cl. Mossé, *La Grèce archaïque d'Homère à Eschyle*,
« Points », Paris, Seuil, 1984, chap. 6, « La révolution clisthénienne », et
P. Lévêque et P. Vidal-Naquet, *Clisthène l'Athénien*, Paris, Macula, 1964.

que, la prise de décision commune après concertation, voire après conflit. La loi se fait peu à peu expression du *dèmos* tout entier. Les citoyens se reconnaissent « semblables » devant la loi, « égaux » devant elle. Ils se découvrent des droits et des devoirs à l'intérieur d'un cadre juridique dont ils sont, à la fois, les acteurs et les sujets.

Clisthène ouvre également le Conseil – la *Boulè* – à Cinq cents membres (cinquante par tribu), tirés au sort annuellement, sans condition de cens, à partir de listes préparées par les conseils démotiques, au lieu des Quatre Cents qui le constituaient jusqu'alors. Ce qui allait devenir l'organe essentiel de la démocratie athénienne détient désormais pour rôle de préparer les séances de l'Assemblée (*Ekklèsia*), de rédiger les décrets, de veiller au bon ordre de la loi et à son application. Ce gouvernement des Égaux marque sa spécificité par rapport à la monarchie et surtout à la tyrannie. Les réformes de Clisthène ont créé les conditions effectives de la souveraineté populaire.

La loi sur l'ostracisme, sans doute postérieure à Clisthène – quoiqu'en dise Aristote –, mais émanant de l'esprit de ses réformes, mobilisera les citoyens lorsque l'unité de la cité se verra menacée. Elle connaîtra sa première application en 488-487. Elle frappera d'exil temporaire, fixé à dix ans, et d'atimie – privation de droits politiques – quiconque est jugé susceptible de vouloir établir la tyrannie à son profit. Le danger du retour toujours possible de ce régime dont on ne veut plus, doit mobiliser sans cesse un électorat populaire nouvellement investi d'un rôle politique. 501 connaît deux mesures constitutionnelles d'importance imputables, elles aussi, aux réformes clisthéniennes : la première, le serment des bouleutes, qui, lors de leur entrée en charge, devaient se porter garants de la constitution dans leur personne même et s'engager à œuvrer à son respect intégral dans un souci inconditionnel du bien public ; la seconde, l'organisation du collège des dix stratèges élus, à raison d'un par tribu.

Jusqu'alors, les stratèges n'étaient que des chefs militaires, soumis aux ordres du polémarque, lui-même dépendant de l'archonte, dans les royautés connaissant un graduel éclatement de la souveraineté, entre les VIII et VIIe siècles. La nouveauté de la mesure de cette fin du VIe siècle réside, bien sûr, dans l'élection et l'extension du nombre des stratèges aux dix tribus nouvellement constituées. Parallèlement à cela, la charge ancestrale de l'archontat – magistrature suprême de la cité autrefois – ne pouvait que perdre de son influence ou se voir réduite, cantonnée, par exemple, dans le champ religieux et judiciaire, au détriment du politique et du militaire, laissé aux stratèges. Son mode d'accès lui-même change au Ve siècle, en 483-482 : le tirage au sort – jugé plus « démocratique » – succède à l'élection. La fonction devient plus honorifique que réelle. Thémistocle peut être l'exemple, en 483, du nouvel archontat tiré au sort et Périclès à l'âge classique, une illustration vivante de la nouvelle « stratégie ».

Périclès : le « siècle d'or de la démocratie » ?

a) La démocratie, un idéal-type ?

Le nom de Périclès est généralement attaché à la gloire d'Athènes, à son acmé démocratique, malgré la guerre du Péloponnèse qui opposa Athènes et Sparte pendant de longues années, même avec des pauses, de 431 à 404, s'achevant par la défaite d'Athènes et la victoire de Sparte, bien après la mort de Périclès en 429. Thucydide, historien de la guerre du Péloponnèse, aime à remarquer dans une formule lapidaire et intéressant au premier chef une réflexion sur la démocratie, que le gouvernement, sous Périclès, portait, en apparence, le nom de démocratie, « en réalité, c'était le gouvernement d'un seul »[1]. Qu'est-ce à dire ? Périclès le « démocrate » était-il, en

---

1. Thucydide, *Histoire de la guerre du Péloponnèse*, trad. fr. J. Voilquin, Paris, GF-Flammarion, 1966, II, LXVI.

réalité, un «monarque»? La «démocratie» du ve siècle n'était-elle que de façade, qu'une entité verbale sans consistance, sans réalité?

Nul écrit de Périclès ne demeure, mais seulement des discours – *logoi* – conservés par l'historien Thucydide, avec toutes les marges interprétatives possibles dans l'acte même de les recenser, de les conserver en mémoire, pour le présent comme pour la postérité. Le plus célèbre d'entre eux est sans nul doute l'Oraison funèbre – l'*épitàphios logos* – prononcée en 431, au terme de la première année de la guerre du Péloponnèse, pour honorer la mémoire des morts glorieux tombés au champ de bataille. L'originalité de Périclès va consister à substituer, au genre classique de l'oraison funèbre, l'éloge, peut-être le plus fort, le plus idéalisé, du moins, de la démocratie. Le texte détient de ce point de vue une vertu canonique. Il donne le modèle, la règle, le type, d'un régime nouvellement advenu, en valorise les exigences, en souligne les atouts. Il dépeint l'esprit même du régime du *dèmos*. Il construit l'idéal-type de la démocratie.

> Notre constitution politique n'a rien à envier aux lois qui régissent nos voisins; loin d'imiter les autres, nous donnons l'exemple à suivre. Du fait que l'État, chez nous, est administré dans l'intérêt de la masse (*pleionas,* grand nombre) et non d'une minorité (*oligous*), notre régime a pris le nom de démocratie (*dèmokratia*). En ce qui concerne les différends particuliers, l'égalité est assurée à tous par les lois; mais en ce qui concerne la participation à la vie publique, chacun obtient la considération en raison de son mérite, et la classe à laquelle il appartient importe moins que sa valeur personnelle; enfin, nul n'est gêné par la pauvreté et par l'obscurité de sa condition sociale, s'il peut rendre des services à la cité. La liberté est notre règle dans le gouvernement de la république (*politeia*) et dans nos relations quotidiennes, la suspicion n'a aucune place… une crainte salutaire nous retient de transgresser les lois de la république; nous obéissons toujours aux magistrats et aux lois

et, parmi celles-ci, surtout à celles qui assurent la défense des opprimés et qui, tout en n'étant pas codifiées, impriment à celui qui les viole un mépris universel[1].

Pour tout ceci, Athènes est désignée, tout naturellement par Périclès, quatre paragraphes plus loin, comme « l'école de la Grèce ». Elle donne aux autres cités la plus vivante leçon qui soit. Son régime politique est un paradigme, un modèle et une norme exemplaires d'égalité devant la loi, de justice, prenant en compte le « mérite » de chacun, de liberté réglée, caractérisée par l'obéissance volontaire aux lois, de partage exigeant pour chacun et pour tous de la condition citoyenne. Pour Périclès, la démocratie ne se réduit pas à un régime politique. Elle est aussi une culture propre, qui sait « concilier le goût du beau et le goût des études avec l'énergie », un art de vivre où action, parole, et réflexion interfèrent dans l'harmonie réciproque, une éthique de la générosité, de l'audace réfléchie, un modèle d'excellence, de vertu (*arétè*) politico-militaire, fondé sur le courage et l'abnégation, et une éducation spécifique, infiniment moins violente et plus libérale que l'éducation spartiate. Le modèle de la démocratie athénienne brossé dans l'Oraison funèbre obéit aussi au dessein de prendre ses distances et ses marques par rapport au modèle spartiate.

L'idéal de la démocratie condensé dans l'*épitaphios logos* de Périclès atteste-t-il l'existence d'un abîme entre les faits et les discours ? Comment le chef de la démocratie d'Athènes, dont la carrière débute vers 462-461, qui est élu plusieurs fois stratège entre 454-444 et annuellement reconduit dans ses fonctions jusqu'à sa mort, a-t-il réellement gouverné et administré la capitale de l'Attique ?

b) *Institutions et apathie politique*

Continuateur de Clisthène, il œuvre à maintenir la « distribution » des puissances « législative » et délibérante,

---

1. Thucydide, *Histoire de la guerre du Péloponnèse*, II, XXXVII.

« exécutive » et judiciaire : l'Assemblée (*Ekklèsia*) – composée, à l'époque, d'environ 40.000 citoyens âgés de dix-huit ans – et le Conseil (*Boulè*) des 500 bouleutes, âgés de plus de trente ans et tirés au sort ; « l'exécutif » représenté par les « magistratures » (*arkhai*) des 9 archontes – dorénavant tirés au sort –, qui président les tribunaux et dirigent la vie religieuse et dont le corps forme l'Aréopage, et des 10 stratèges élus, dont le corps récemment formé, vers 500, détient maintenant la conduite effective des opérations militaires, dirige l'armée, la flotte, la politique extérieure ; autant dire que les stratèges sont les véritables chefs de l'État ; et enfin, le « judiciaire », représenté par le tribunal populaire de l'Héliée, composé d'environ 6000 citoyens de plus de trente ans, tirés au sort annuellement.

Dès son arrivée sur la scène politique, Périclès doit lutter contre l'apathie, la passivité des citoyens, notamment en matière « judiciaire ». La trop grande fréquence des procès conduit les héliastes à déserter leurs fonctions. Ils hésitent à perdre une journée de travail pour venir siéger à Athènes. De même à l'Assemblée, les séances « ordinaires » pouvaient ne compter quelquefois que 1500 assistants. Outre les magistrats en fonction, obligés d'être présents, les artisans et les marins d'Athènes, du Pirée et des autres dèmes suburbains, étaient parmi les plus assidus. Ceux qui habitaient des dèmes plus éloignés n'y participaient que rarement tout comme, par exemple, les propriétaires fonciers qui, en raison des travaux des champs, ne se déplaçaient pas à la ville.

Pour tenter d'enrayer ce phénomène, qui s'étend progressivement à toutes les sphères de l'action civique et politique, Périclès instaure le *misthos heliastikos*, soit la rémunération des membres du tribunal de l'Héliée. Le temps donné à l'État mérite salaire. Les membres du Conseil (*Boulè*) recevaient depuis longtemps une allocation modique, comme les soldats en campagne, ainsi que les archontes et quelques autres magistrats. Les indemnités – *misthoi* – s'étendront, après la mort de

Périclès surtout, à toutes les fonctions, hormis celle des stratèges : la participation à l'Assemblée (*Ekklèsia*) sera ponctuée d'un *misthos ekklesistikos* au début du IVe siècle, par exemple. Cette misthophorie ou rétribution des fonctions publiques, sera une des cibles de la critique des philosophes dirigée contre la démocratie. La politique devient un métier rémunérateur et la seule visée du bien commun risque de s'estomper au profit d'intérêts plus mercantiles et de calculs plus sordides !

c) *Au service de la gloire d'Athènes ?*

Par ailleurs, Périclès a le souci aigu du renom et de la gloire d'Athènes auxquels il veut concourir au premier plan. Vers 449, il décide d'œuvrer à l'embellissement de la capitale de l'Attique, d'aménager l'Acropole et de reconstruire le premier temple d'Athena, édifié un siècle auparavant par Pisistrate, et détruit en 480 pendant la seconde guerre. Le temps limite son ambition. La construction du Parthénon, de 447 à 438 et des Propylées, de 438 à 432, des aménagements au Pirée, lui permettent de justifier une politique de l'emploi, de servir les intérêts du peuple. Le discours de Périclès légitimant ses « grands travaux », rapporté par Plutarque, illustre ce que d'aucuns n'hésitent pas à qualifier de « socialisme d'État », mû par le désir de lutter contre le paupérisme, en élevant la condition des plus démunis.

> Maintenant que la ville est suffisamment pourvue des choses nécessaires à la guerre, il faut qu'elle emploie ses ressources à des ouvrages qui, après leur achèvement, lui vaudront une immortelle renommée et qui, au cours de leur exécution, maintiendront le bien-être chez elle ; car ils feront naître des industries de toute sorte et des besoins variés, qui éveillant tous les arts et occupant tous les bras, fourniront des salaires à

presque toute la population, celle-ci tirant de son sein de quoi s'embellir et se nourrir en même temps [1].

Bien sûr, l'opposition et les alliés de la Confédération de Délos – constituée en 478, un an après la fin des guerres médiques – ne manquent pas de critiquer Périclès pour ses dépenses excessives, ses visées de grandeur, son utilisation à des fins exclusivement athéniennes du trésor de la Confédération, en bref, sa « tyrannie », etc. Périclès n'est pas dupe des accusations portées à son encontre et lutte, par des discours célèbres, contre leur néfaste influence. Il parvient à convaincre le peuple de la légitimité de ses réalisations qui servent, avant tout, l'intérêt public. Personne ne peut nier que le chef démocratique a aussi, dans son dessein d'asseoir durablement la gloire d'Athènes, favorisé la culture et l'accès à celle-ci. Il aime à s'entourer des philosophes – sophistes, matérialistes, ou moralistes – des artistes, des architectes, des savants, les plus éminents. Il se nourrit de leurs débats. Il s'attache à favoriser dans son État la circulation d'idées nouvelles, les échanges fructueux, et vise en tout l'excellence, la grandeur, la beauté qui défieront l'usure du temps. Il cherche à immortaliser Athènes, son siècle, et sa personne, indissociablement.

Lorsqu'il convainc son peuple de la nécessité de la guerre contre Sparte, les arguments sont les mêmes : servir, avant tout, la gloire d'Athènes, donner aux générations futures l'image d'une cité puissante, à la hauteur de ses ambitions, respectueuse de la tradition, désireuse de la promouvoir selon un dessein de grandeur et de progrès accrus, ne pas s'arrêter aux peurs et frilosités individuelles, dépasser toutes les revendications provenant de la sphère privée. En tout, voir grand, à l'échelle de l'État, fût-ce au péril de sa vie. Au bout d'une année de guerre, quand le peuple est découragé, affaibli, en butte aux malheurs, aux épidémies de peste et de typhus, tenté

---

1. Plutarque, *Vies parallèles*, trad. fr. R. Flacelière et E. Chambry, « Bouquins », Paris, Robert Laffont, 2001, I, *Périclès*, § 12, 4, p. 225.

par l'opposition forte contre son chef, Périclès use de ses talents oratoires pour rappeler le *dèmos* à ses engagements initiaux.

> Ne vous laissez pas ébranler, comme vous le faites maintenant par vos malheurs individuels, n'abandonnez pas la défense commune et ne m'accusez pas de vous avoir conseillé la guerre, puisque vous m'avez donné votre approbation [1].

Il sait « discerner l'intérêt public » et dit parler, aujourd'hui comme hier, en son nom et en son nom uniquement. Il critique la versatilité du peuple et se montre, lui, au contraire, « toujours le même », stable dans ses orientations et ses desseins. Il n'a pas changé d'opinion, car il n'y a pas de changement à envisager, sauf à renier l'idéal que l'on s'est donné initialement en y consentant volontairement. Il comprend les souffrances, ne les méprise pas, ni ne les minore, mais il exhorte à ne pas tomber sous leur unique et dévorante emprise.

> Vous qui habitez une puissante cité, vous qui avez été nourris dans des sentiments dignes d'elle, vous devez supporter de plein gré les plus grands malheurs et ne pas ternir une telle réputation… Acquérir la gloire pour l'avenir, éviter le déshonneur dans le présent, voilà le double avantage qu'il vous faut assurer avec ardeur.

En constance, en tous lieux et temps, l'exhortation est à la gloire, à l'honneur, à la grandeur d'Athènes, la cité-État démocratique, avec laquelle Périclès se confond.

Le peuple parviendra « à lui infliger une amende » en 430, prix de son mécontentement et de sa lassitude. Thucydide ne prononce pas le mot d'ostracisme. Or c'est pourtant de cela qu'il s'agit ! Périclès le Grand, privé par son peuple, de droits civiques, interdit de participer aux affaires publiques ! Très vite le peuple, « par un revirement qui lui est coutumier », le rappelle et le réélit stratège, en lui confiant à nouveau la direc-

---

1. Thucydide, *Histoire de la guerre du Péloponnèse*, II, LX. Voir aussi LXI-LXV.

tion suprême des affaires. Mais les destin en décide autrement : la peste – ou le typhus – emporte Périclès en 429. L'œuvre est loin d'être achevée et la guerre, loin d'être terminée, tant s'en faut.

d) *Le modèle du phronimos ?*

Thucydide insiste, au livre II de *L'Histoire de la guerre du Péloponnèse*, sur les valeurs de modération, de fermeté, qui ont guidé son gouvernement et concouru à la puissance athénienne. Périclès se méfiait de l'excès et notoirement de l'excès d'impérialisme, dont il avait la claire prémonition qu'ils entraîneraient Athènes et la démocratie à leur perte. La lucidité, un sens aigu de la mesure dans l'extension politique et militaire de l'empire, lors de la guerre notamment, faisaient partie du « discernement » péricléen que louera tant Aristote, qui voit en Périclès le *phronimos*, par excellence, un modèle de sagesse avisée et prudente, soucieux du bien public avant tout [1].

Après Périclès, l'*hubris* s'emparera des successeurs. Leurs seules préoccupations seront celles de la « gloriole et de l'intérêt personnels », aux conséquences désastreuses pour les Athéniens et leurs alliés, selon les mots mêmes de l'historien. Elles allaient conduire la démocratie à sa perte et faciliter la victoire de Sparte, tout en renforçant les partisans de l'oligarchie, hostiles au régime populaire d'Athènes. L'autorité personnelle de Périclès avait su ramener le peuple dans la voie politique droite.

> Chaque fois que les Athéniens s'abandonnaient à contre-temps à l'audace et à l'orgueil, il les frappait de crainte : s'ils s'effrayaient sans motif, il les ramenait à la confiance. Ce gouvernement portait le nom de démocratie, en réalité c'était le gouvernement d'un seul homme.

---

1. Aristote, *Éthique à Nicomaque*, trad. fr. J. Tricot, Paris, Vrin, 1990, VI, 5, p. 286.

La démocratie se confondait avec son chef. Il en était l'âme directrice et protectrice à la fois. Ce n'est pas le « monarque » ou le « tyran » que Thucydide désigne ici mais la dimension « charismatique » d'un pouvoir démocratique, qui a su entraîner derrière lui, par des projets, des entreprises animés par la perception claire du bien public, un *dèmos* fragile et versatile encore, proie toujours facile d'autres « puissants », désireux de le manier à leur gré, de le conduire là où le désiraient leurs appétits et ambitions les plus privés. L'ère des démagogues allait s'ouvrir avec les successeurs de Périclès, Cléon, notamment. Aristote [1] y voit une des sources actives du changement tendant à vicier la démocratie tempérée et sage des origines. Des ambitieux, effrontés et sans scrupule parviennent à manipuler l'électorat populaire dans le sens qui est le leur, sans aucun souci du bien commun. La démocratie devient alors le régime non plus d'un *dèmos* unifié, associé par une claire perception de l'intérêt commun, cohérent dans ses choix, ses mesures et sa volonté politique, mais une agrégation d'individus dont les seules revendications privées érigées en revendications collectives constituent l'illusion d'un « peuple » manipulable à souhait par ceux qui en ont l'ambition, le talent, et la volonté. Lorsqu'Aristote construit sa typologie des « bons » et « mauvais » régimes, n'est-ce pas le critère qu'il choisit pour les distinguer et mettre la démocratie du côté de la perversion de la bonne *politeia* ?

Tous les régimes sont « bons » – royauté, aristocratie, « république » (*politeia*) que l'on peut aussi traduire par « gouvernement constitutionnel » ou celui des « classes moyennes » – lorsqu'ils prennent en considération l'intérêt commun ; tous sont « mauvais » – tyrannie, oligarchie, « démocratie », définie ici comme le pouvoir exercé dans le seul intérêt des indigents

---

1. Aristote, *La Politique*, trad. fr. J. Tricot, Paris, Vrin, 1977, V, 4-5.

(*aporoi* : ceux qui sont dans la gêne)[1]. Aucune de ces formes ne vise l'intérêt commun. Les dirigeants se font les porte-parole de telle ou telle catégorie sociale, de tel ou tel parti ou « faction », ou encore ils agissent dans leur intérêt propre, utilisant le *dèmos* à leurs fins personnelles, plus ou moins masquées, parfois, mais sans se soucier du bien public.

ÉVALUATION DE LA DÉMOCRATIE

La démocratie : un bon ou un mauvais régime ?

a) *L'enquête historienne*

Dans un des premiers textes traitant de la question du meilleur régime, la démocratie ou l'isonomie – l'égalité de tous les citoyens devant la loi, l'égale participation aux affaires publiques – est mentionnée comme « le plus beau nom qui soit ». L'isonomie démocratique n'est-elle qu'une belle invention langagière, qu'une entité apparentée à l'œuvre d'art ? En effet, Hérodote, au livre III de l'*Historia* (l'*Enquête*) – rédigée au temps des Pisistratides – s'attelle à une question qui hantera la réflexion philosophique : est-il un régime politique qui fasse l'unanimité par son excellence de droit et, si possible, de fait ? Ce régime est-il la démocratie ?

L'*Enquête*, dans un débat imaginaire portant sur les constitutions politiques, situé vers 522 avant Jésus-Christ, met en scène trois chefs perses : Otanès dénonce les pièges inhérents au pouvoir d'un seul, la monarchie : la tyrannie, l'orgueil sans mesure, la culture de la flatterie, la violation de la tradition. Les termes les plus sévères émaillent son jugement, fondé

1. Aristote, *La Politique*, III, 7, 1279 a 25-1279 b 10. Voir aussi IV, 2 sur la question de savoir laquelle des déviations des « bons » régimes est la pire et IV, 11, consacré à l'excellence de la moyenne et au « gouvernement de la classe moyenne ».

parfois sur l'histoire réelle. Il mentionne le « fol orgueil » de Cambyze, par exemple. Otanès estime qu'il faut en finir avec ce régime porté à la corruption et à la démesure en toutes choses. Le portrait négatif du régime d'un seul lui permet ainsi de mieux mettre en valeur les atouts du régime populaire.

> Le régime populaire porte tout d'abord le plus beau nom qui soit : « égalité » (*isonomia*) ; en second lieu, il ne commet aucun des excès dont un monarque se rend coupable : le sort distribue les charges, le magistrat rend compte de ses actes, toute décision y est portée devant le peuple (*plèthos*). Donc voici mon opinion, renonçons à la monarchie et mettons le peuple au pouvoir (*plèthos arkhon*), car seule doit compter la majorité [1].

Le critère du nombre est ici décisif. Ni un seul, ni quelques-uns ne doivent être les détenteurs du pouvoir, mais tous.

Quels que soient les anachronismes que l'on puisse repérer dans le texte de l'historien du Ve siècle avant notre ère, qui mêle les institutions du VIe siècle à celles du Ve siècle, le dialogue des trois Perses a le mérite de mettre en exergue ce qui pourrait être vu comme l'essence même de la démocratie : l'égalité devant la loi et l'extension de la souveraineté (*kratos*) au peuple tout entier.

Mégabyze, d'ailleurs, s'empresse de freiner la ferveur d'Otanès : pour fuir l'insolence d'un tyran, n'est-il qu'une voie de salut, celle du pouvoir du peuple ? Celui-ci n'est pas formé aux choses politiques, il peut dès lors se montrer stupide et borné, en rien éclairé, car ne disposant d'aucune instruction, lorsqu'il s'agit de prendre des décisions. Le *dèmos* désigne ici la multitude nécessairement inculte, ignorante, violente, instable.

> Qu'ils adoptent le régime populaire, ceux qui voudraient nuire à la Perse ! Pour nous, choisissons parmi les meilleurs citoyens un groupe de personnes à qui nous remettrons le pouvoir : nous

---

1. Hérodote, *Enquête*, III, § 80.

serons de ce nombre, nous aussi, et il est normal d'attendre, des meilleurs citoyens, les décisions les meilleures [1].

Les *oligoi* sont nécessairement les *aristoi*. En vertu du critère de l'excellence, Mégabyze s'oppose fermement à l'extension du souverain, caractéristique du régime populaire. L'oligarchie de type aristocratique est meilleure, par définition, que la démocratie.

Darius acquiesce pleinement à cette critique exposée par Mégabyze, mais il n'en est pas pour autant favorable à l'oligarchie dont il se méfie. La monarchie, si elle est le fait d'un homme de bien, habité par la recherche de la vertu, lui semble de loin le meilleur des régimes. L'oligarchie engendre rivalités, inimitiés, haines mutuelles, violences mortelles souvent, qui conduisent *de facto* au souhait du régime d'un seul. La démocratie, de même, engendre corruption, ligue de profiteurs qui lèsent la communauté, injustices, violences, révoltes, qui suscitent peu à peu le rétablissement par un seul de l'ordre et de la justice. Darius rappelle aux Perses leur histoire. « D'ailleurs, pour tout dire, en un mot, d'où nous est venue notre liberté ? À qui la devons-nous ? Est-ce au peuple, à une oligarchie, ou bien à un monarque ? » [2]. Les Perses doivent leur libération à un seul homme, Cyrus, qui les a libérés du joug des Mèdes. Les faits servent la thèse du meilleur régime, selon Darius. Les faits indiquent la norme. Il convient dès lors de les mettre en exergue.

Le texte d'Hérodote porte pour la première fois sur la scène publique un débat dont les philosophes, désireux de réfléchir sur la chose publique, vont s'emparer au IVe siècle. Certes, le poète Pindare, déjà, avait établi une classification tripartite des régimes, au Ve siècle, vers 475 avant notre ère. Il distinguait la

---

1. Hérodote, *Enquête*, III, § 81.
2. *Ibid.*, § 82. Voir aussi I, § 123-130 ; VI, 43, qui rappelle l'avis d'Otanès concernant la démocratie et VI, 131, qui évoque la fondation démocratique de Clisthène. Le mot *dèmokratia* se trouve bien présent chez Hérodote, au livre VI, notamment.

tyrannie ou pouvoir d'un seul, le règne de la foule impétueuse et le pouvoir des sages (*sophoi*), par définition, pouvoir d'un petit nombre[1], auquel il donnait sa préférence. Le ton archaïsant, poétique et moral de l'écrit pindarique atteste l'existence de la quête du meilleur régime, au sein même de la conscience collective. Le mot démocratie n'est pas encore employé, mais le pouvoir du grand nombre suscite peur, défiance et critique.

L'historien des guerres médiques, Hérodote, a le mérite d'avoir donné les bases d'une réflexion critique sur la question. L'historien de la guerre du Péloponnèse, Thucydide, a légué à la postérité des *logoi* de type hagiographique sur le régime démocratique de Périclès. Mais il a dépeint aussi, avec force, insistance et vérité, les méfaits de la succession post-péricléenne, ainsi que la difficulté du « peuple » (*dèmos*) à se maintenir à la hauteur de l'idéal démocratique. Même si l'histoire racontée et analysée par Thucydide s'arrête en 411, vingt ans avant la fin de la guerre – elle sera continuée par Xénophon dans les *Helléniques* –, elle dénonce les méfaits de l'impérialisme excessif, celui de Cléon ou d'Alcibiade, par exemple, mais aussi les dissensions internes qui déchirent le peuple grec, rompent l'ordre, laissent régner la violence sans frein des passions et l'entraînent à sa perte. « La guerre, en faisant disparaître la facilité de la vie quotidienne, enseigne la violence et met les passions de la multitude en accord avec la brutalité des faits »[2]. La démocratie n'est plus qu'une dépouille, un régime de désordre politique et moral. Elle engendre l'anarchie. Il n'est pas inutile de souligner que le terme « anarchie » renvoie originellement à l'indiscipline des soldats au combat. Par un passage du militaire au politique,

---

1. Pindare, *II Ode Pythique*, trad. fr. A. Puech, Paris, Les Belles Lettres, 1966, 86.

2. Thucydide, *Histoire de la guerre du Péloponnèse*, III, 82. Voir aussi le livre V, particulièrement, LXXXV-CXVI.

il désigne l'anomie qui gangrène tout régime, quand celui-ci faillit à son être propre.

b) *Platon, le contempteur de la démocratie ?*

Le discours des historiens et celui des philosophes peuvent avoir des racines communes quand ils portent sur les faits, le déroulement de l'histoire immédiate. Platon peut paraître, à plus d'un titre, le contempteur par excellence de la démocratie athénienne, tant il a légué à la postérité une critique sans appel de ses vices. Cela fait-il de lui un farouche opposant de ce régime, en tout lieu et temps ? Rien n'est moins sûr. Le philosophe, au livre VIII de la *République* (*Politeia*), dresse un portrait saisissant de la démocratie factuelle du début du IVe siècle, du régime politique comme de l'homme individuel qui lui correspond. Régime bariolé (*poikilon*), qui séduit par le chatoiement de ses couleurs, femmes et enfants, c'est-à-dire ceux dont l'esprit est trop faible pour exercer une quelconque critique réflexive ou rationnelle. «Foire aux constitutions» (*pantopôlion politeiôn*), sans consistance durable, sans stabilité, ce gouvernement est «charmant, anarchique (*anarkhos*), bigarré (*poikilè*)», il dispense de surcroît, «une sorte d'égalité aussi bien à ce qui est inégal qu'à ce qui est égal»[1]. Le désordre, l'incompétence, l'excès en tout, le brouillage des repères, l'inversion des valeurs, un refus de toute loi, un mauvais usage de la liberté, une méconnaissance du mérite selon lequel doit s'établir l'égalité, caractérisent en propre cette démocratie devenue telle au cours de l'histoire.

L'individu qui lui correspond est de même facture : il se laisse aller au désir de l'instant, aux caprices en tous genres, ne distingue plus le bien du mal, le beau du laid. «Il ne connaît ni ordre (*taxis*) ni contrainte (*anankè*) dans sa conduite… il est l'homme beau et bariolé (*poikilon*) qui ressemble à l'État

---

1. Platon, *La République*, trad. fr. E. Chambry, Paris, Les Belles Lettres, 1982, VIII, 558 c ; voir aussi 557 a-564 b.

démocratique » [1]. L'homme démocratique refuse toute forme d'autorité familiale, sociale, politique, toute instance légale. L'esclave refuse de l'être, le maître refuse de commander, le condamné refuse d'être jugé, le prisonnier se veut « l'égal » de l'homme libre, etc. En bref, la démocratie est ici « un régime malade », comme l'oligarchie dont elle dérive. Platon s'adonne à l'exposé de ses symptômes en clinicien. Il met au jour la racine du mal, l'*hubris*. L'excès a perdu l'oligarchie, il perdra la démocratie, devenue le régime de l'esclavage des désirs immédiats, chaotiques, déréglés, fragilisé à l'extrême, au point d'être la proie facile du premier « homme fort » qui saura s'emparer du pouvoir. Une loi se dégage : « de l'extrême liberté naît la servitude la plus complète et la plus atroce ». La tyrannie ne peut qu'être engendrée par la démocratie. La faiblesse de l'une attire et attise la force de l'autre.

Mais la démocratie est-elle pour autant le « mauvais régime » par définition ? Le philosophe, historien de l'histoire immédiate – celle qui a amené le régime populaire de 399 à condamner à mort Socrate – est tout aussi sévère, dans *la République*, pour les autres régimes qui ont décliné, eux aussi, selon une loi inexorable du temps qui corrompt tout. Les quatre régimes « malades », la timocratie, le régime de la victoire et de l'honneur (*timè*) – « le fameux gouvernement de Crète et de Lacédémone » –, l'oligarchie censitaire « où les riches commandent et où les pauvres n'ont point de part à l'autorité » [2], la démocratie, puis la tyrannie, donnent lieu à une symptomatologie aussi sévère et sans appel. Le temps est-il le seul facteur de corrosion des régimes politiques ? La part active et responsable des hommes n'y est-elle pas aussi pour beaucoup ?

La *Lettre VII*, seul texte autobiographique de Platon, écrite vers 354, peu après la mort de Dion de Sicile, confirme ce

---

1. Platon, *La République*, VIII, 561 d-e.
2. *Ibid.*, VIII, 550 d.

point : « Tous les États actuels sont mal gouvernés, car leur législation est à peu près incurable sans d'énergiques préparatifs joints à d'heureuses circonstances ». La foi de Platon est intacte, plus de vingt ans après l'écriture de *La République*, en ce qui concerne la philosophie. Elle seule peut aider à promouvoir « la justice dans la vie publique et dans la vie privée » [1], sans elle, aucun État ne pourra ni s'améliorer ni subsister dans une relative fidélité à son essence. Le meilleur régime sera celui que la science du Juste guidera. La démocratie peut être de ceux-là, si elle reste tempérée et sage, fondée sur la distinction des classes sociales faite par Solon, au VIe siècle, sur « la soumission raisonnable à une autorité » [2], sur la vertu d'*aidôs* – retenue, pudeur, respect –, sur l'obéissance réfléchie et volontaire aux lois. Cette démocratie-là n'a-t-elle pas permis la victoire de Salamine et surtout la victoire d'Athènes ? Celle du IVe siècle, caractérisée par une licence sans fin ni frein, n'a-t-elle pas entraîné Athènes à sa perte et précipité sa défaite et la victoire de Sparte, en 404 ?

Deux constitutions-mères ou une constitution mixte ?

Un texte des *Lois* peut sans doute plus que d'autres éclairer la position platonicienne relative au statut de la démocratie. Position beaucoup plus nuancée qu'il n'y paraît, dès qu'on s'y arrête un peu longuement. Platon cherche quasi sans relâche ce qu'il conviendrait de faire en matière de pouvoir pour que les régimes ne soient pas en butte à une sorte de nécessité inexorable les entraînant au déclin, puis à la mort. « Il ne faut pas instituer de pouvoir trop grand ou sans contrôle, mais garder l'idée qu'une cité doit rester libre (*polin eleuthéran*), raison-

---

1. Platon, *Lettres*, trad. fr. J. Souilhé, Paris, Les Belles Lettres, 1977, *Lettre VII*, 326 a.

2. Platon, *Les Lois*, trad. fr. E. Des Places, Paris, Les Belles Lettres, 1975, III, 698 b.

nable (*euphrona*), unie (*eautê philèn*)»[1]. Seule l'excellence
des lois peut garantir la cité contre le mal. Pour atteindre cet
objectif, le législateur doit prendre en compte la triple exigence de la tempérance (*sôphrosunê*), de la prudence (*phronè-
sis*) et de l'union (*philia*), quel que soit le régime choisi. La
nature du gouvernement importe moins que sa qualité morale
et intellectuelle, que sa visée de liberté réglée, de justice, de
prudence raisonnable. Au critère du nombre pour désigner les
trois formes de régimes (monarchie, aristocratie, démocratie),
se substitue peu à peu celui de la valeur. L'investigation platonicienne demeure sans doute plus philosophique qu'exclusivement politique. Elle démontre que la politique ne peut
connaître de droiture durable, sans une philosophie, qui la
guide et lui évite les errements constatés dans le passé ou
dans le présent et sévèrement dénoncés.

Ainsi Platon en vient-il peu à peu, à la fin de son œuvre, à
construire le paradigme de «deux constitutions-mères» de
toutes les autres, qui auraient pour nom, l'une la monarchie,
l'autre la démocratie :

> la première atteint à son comble dans la race perse, la seconde y
> atteint chez nous; et toutes les autres sans exception, je le
> répète, sont des variétés de celles-là. Or il faut nécessairement
> que ces deux éléments soient représentés, si l'on veut qu'il y ait
> liberté (*eleuthéria*) et union dans la sagesse (*philia meta phro-
> neseôs*). Or, pour avoir chéri d'un amour excessif et exclusif,
> l'un la monarchie, l'autre la liberté, aucun des deux États
> n'a atteint la juste mesure (*ta metria*); les vôtres, Sparte et la
> Crète, y sont arrivés davantage; Athènes et la Perse, après y
> avoir réussi autrefois, sont maintenant moins heureuses. Nous
> devons en rechercher les causes, n'est-ce pas ?[2],

insiste l'Athénien des *Lois*, porte-parole de Platon. L'analyse
normative se fonde sur l'observation des faits exhibés par

---

1. Platon, *Les Lois*, III, 693 b.
2. *Ibid.*, III, 693 d-694 a.

l'histoire politique des États mentionnés. Le propos n'est pas éthéré ou abstrait, sans lien avec la factualité.

Le meilleur gouvernement pourrait être alors un gouvernement mixte, faits d'éléments démocratiques et d'éléments monarchiques, voire aristocratiques. La meilleure constitution serait celle de la juste mesure entre les pôles souvent extrêmes de liberté et d'autorité. L'idéal politique platonicien se trouverait alors presque abouti dans la constitution de Sparte, mélange savamment dosé, à l'origine du moins, d'éléments monarchiques – la dyarchie royale –, d'éléments aristocratiques – la *Gerousia* composée de vingt-huit membres élus par l'Assemblée et des deux rois –, d'éléments démocratiques – le rôle de contrôle exercé par les cinq éphores élus, sur désignation de la *Gerousia*, par l'Assemblée des citoyens de plus de trente ans. Les éphores ont pour principale fonction de garantir la constitution contre toute dérive tyrannique, celle des rois, des gérontes ou de l'Assemblée. Cette combinatoire de forces, en constante surveillance réciproque, constitue pour Platon un modèle politique de mesure juste parce que dosée, non livrée à l'arbitraire et à la folie de l'excès.

Cette question de la constitution idéale, mixte de liberté et d'autorité, d'égalité et de hiérarchie, d'ordre souple et soumis à la surveillance régulatrice de puissances « distribuées » et en équilibre, hante la recherche post-platonicienne de la meilleure « république », chez les « Anciens », comme chez les « Modernes ». La part démocratique n'est plus ici qu'une composante de l'équilibre idéal conjoint à la composante monarchique. Le *De Republica* de Cicéron reprend, au premier siècle avant l'ère chrétienne et à l'âge déclinant de la république de Rome, l'analyse platonicienne des *Lois*. Certes, l'influence de l'historien grec du second siècle, Polybe, est réelle également sur Cicéron, mais elle s'inspire pour la constitution romaine, de la réflexion platonicienne en ce qui concerne l'idéal de la constitution mixte. Démocratie (la requête légitime des droits du peuple), aristocratie (la compétence du Sénat), monarchie (le pouvoir quasi royal des consuls) doivent pouvoir coexister à l'intérieur du régime « mixte ».

Pour éviter la tyrannie des uns ou des autres – celle du peuple ivre d'une liberté qui le conduit à la pire des servitudes ou celle de l'élite (les *optimates*), qui ne gouverne plus selon la voie droite mais consacre le jeu désordonné des factions –, mieux vaut une combinatoire d'équilibre entre les trois pôles des régimes traditionnellement distingués. Il faut même, note Cicéron, préférer à la royauté – pourtant le meilleur des régimes –, un « mélange des trois formes de gouvernement. Je trouve bon en effet qu'il y ait dans l'État une autorité supérieure et royale, une part faite aux grands, et aussi des affaires laissées au jugement et à la volonté de la multitude »[1]. Cicéron se défie autant des « grands » que du peuple (*populus/multitudo*), livrés à eux-mêmes, se prenant pour leur propre fin. Seul un contrôle mutuel des « puissances » évitera les dérives causées par le retour ou l'émergence des factions, des séditions. Le « meilleur régime » est indiscutablement le régime mixte, riche d'une triple polarité monarchique, démocratique et aristocratique.

Démocratie et historicité

Dans le texte des *Lois* précédemment mentionné, frappent surtout, chez Platon, la prise en compte de l'histoire réelle et l'enquête sur les raisons du mal qui la constituent. Pourquoi la démocratie d'Athènes n'est-elle pas restée à hauteur de sa fondation « d'autrefois », pourquoi s'est-elle muée en anarchie ? Pourquoi la monarchie perse s'est-elle transmuée en « despotisme » ? La Perse du VIe siècle, au temps de Cyrus, connaissait « une juste proportion de sujétion et de liberté ». Elle s'est perdue sous Cambyze, le fils de Cyrus, pour renaître quelque

---

1. Cicéron, *De la République*, trad. fr. Ch. Appuhn, Paris, GF-Flammarion, 1965, I, § XLV.

peu avec Darius, avant de se perdre à nouveau avec Xerxès. La raison du premier déclin est claire : Cyrus ne s'est pas soucié de l'éducation de son fils. Cambyze, « perdu de mollesse et de licence... laissa prendre son empire par les Mèdes ». Darius, non corrompu « par une éducation amollissante », a su un temps reprendre les choses « en gouvernant selon des lois » etc. L'on peut comparer terme à terme la critique du successeur de Cyrus valant pour la Perse à celle de Périclès et de ses successeurs, valant pour Athènes.

Platon semble ne pas avoir de mots assez durs envers Périclès, qui ne s'est pas soucié, lui non plus, d'éduquer ses fils ou ses successeurs. « Il les a laissés paître à l'aventure comme des troupeaux en liberté, abandonnant au hasard le soin de leur faire rencontrer la vertu »[1]. Ou encore, il a rendu « les Athéniens, paresseux, lâches, bavards et avides d'argent, par l'établissement d'un salaire pour les fonctions publiques »[2]. Outre les allusions aux épisodes précis de la guerre du Péloponnèse, est visée en priorité la carence grave en matière d'éducation du chef de la démocratie athénienne du Ve siècle. Il devait « rendre plus justes qu'il ne les avait trouvés » ceux qu'il dirigeait, s'il possédait vraiment les vertus d'un bon politique. Or ce souci d'amélioration morale et politique n'a pas été celui de Périclès, car il ne connaissait pas la science du juste. Il ne pouvait pas la partager avec d'autres. Son génie propre n'a pas servi durablement Athènes qui a pâti d'une « enflure malsaine », façon pour Platon de dénoncer l'impérialisme ouvert par le stratège athénien, « responsable de tout le mal ». Son ignorance du bien, son insouciance en matière éducative est la source de bien des dérives oligarchiques et tyranniques qui ont gangrené l'histoire d'Athènes à la fin du Ve siècle et au IVe siècle.

1. Platon, *Protagoras*, trad. fr. A. Croiset, Paris, Les Belles Lettres, 1941, 320 a.

2. Platon, *Gorgias*, trad. fr. A. Croiset, 515 e ; voir aussi 515 d-519 d.

Le tragique de l'histoire des hommes constitue à plus d'un titre le support de l'analyse platonicienne, dans son versant descriptif autant que normatif et axiologique. Ce tragique aurait pu être évité, si l'éducation s'était trouvée au premier plan de la tâche des politiques, si la science du juste – autre nom du bien commun – avait été leur objectif principal, tant dans sa maîtrise intellectuelle que dans sa transmission et son application, si le gouvernement de la loi et de la raison avait transcendé les intérêts, les volontés de puissance ou les simples inclinations immédiates et irrationnelles.

Certes, Platon a la nostalgie de droite constitution (*orthè politeia*), qui est unique, parfaite, expression de l'idée pure de justice, objet de contemplation intelligible, supérieure à toutes les lois existantes, qui n'en sont que des « images » nécessairement imparfaites, mais il ne se résout pas à l'imperfection et surtout pas à la propagation du mal – « ce mal qui ronge les cités depuis un temps infini » (*kronon aperanton*), selon l'expression du *Politique*.

Existe-t-il une constitution imparfaite où la vie est la moins pénible et une où la vie est la plus insupportable ? Le « moins mauvais » serait ici une sorte de médiété entre le pire absolu et le meilleur introuvable. Platon revient sur la classification tripartite des régimes et opère dans les premiers une scission en deux : le « gouvernement d'un seul » peut être royauté ou tyrannie, celui de « quelques-uns », aristocratie ou oligarchie. Mais comment diviser celui « du grand nombre » (*pôllon*) ? Faible en tout, « sans grande puissance ni pour le bien ni pour le mal comparativement aux autres (monarchie ou oligarchie), parce que les pouvoirs y sont émiettés entre trop de personnes », la démocratie est pourtant la meilleure constitution, quand les autres ne sont plus conformes aux lois, le moins mauvais des régimes quand tous sont mauvais. Elle offre le confort et l'agrément d'un certain bien-vivre. « Toutes étant déréglées, c'est en démocratie qu'il fait le meilleur vivre, mais quand elles sont ordonnées, elle est la dernière où l'on choisirait de vivre »[1]. Le critère du partage devient le consentement et la conformité à la loi (*kata nomous*).

La démocratie n'aurait de positivité très relative que lorsque tous les régimes enfreignent la loi. Il faut l'anomie des autres pour que le régime populaire détienne le statut du meilleur où il fait bon vivre ! Car dans une monarchie sans lois (*anomos*), la vie « est la plus pénible et la plus insupportable ». La critique platonicienne semble dans le *Politique* sans appel, quelque peu cynique, empreinte d'une certaine dérision. Aristote n'aura plus, sur cette question du statut de la démocratie comparé aux autres régimes – ou des démocraties, puisqu'Aristote en dénombre quatre ou cinq espèces[2] – qu'à suivre Platon, même s'il croit ou veut croire qu'il prend ses distances par rapport à son prédécesseur. Démocratie et oligarchie peuvent être, dès lors, présentées comme intrinsèquement mauvaises[3]. Ni l'une ni l'autre ne représentent une vraie *politeia*, mais une constitution déviée, propice au trouble et à l'agitation, à la déviance par rapport à la loi. La revendication « privée » – émanant d'individus ou de groupes sociaux, de factions ou de partis, de démagogues ou de « décrets », sans cesse promulgués – y est trop forte et met par trop à mal le souci de l'intérêt public, l'exigence du « lien » social ou du bonheur commun, le gouvernement de la loi, qui, seul, détient pour Platon et Aristote[4], une vraie légitimité.

---

1. Platon, *Le Politique*, 302 d-303 a.

2. Aristote, *La Politique*, IV, 4 et 6, 1291 b-1292 a 37 et 1292 b 25-1293 a 10.

3. *Ibid.*, IV, 2, 1289 b 5-10 ; voir aussi III, 6 et III, 7.

4. *Ibid.*, IV, 4, 1292 a 30-35 : Aristote rejoint ici totalement Platon : la démocratie sans loi est un bazar formé de toutes les constitutions (Platon, *République*, VIII, 557 d). « Là où les lois n'ont aucune autorité, il n'y a pas de constitution du tout », note Aristote. La véritable constitution suppose la souveraineté de la loi, et non un gouvernement qui se fait « à coup de décrets » singuliers et changeants.

En toile de fond, le procès de Socrate en 399 par la démocratie en voie de restauration après la guerre du Péloponnèse et l'oligarchie des Trente tyrans de 404 n'en est-il pas à lui seul une illustration ? Trop faible, trop fragile et fragilisé par les troubles antérieurs, le régime ne pouvait plus abriter en son sein un philosophe épris de critique réflexive, de débat philosophique sans tabou, de questionnement infiniment ouvert, infiniment repris. Celui en qui Karl Popper salue un vrai démocrate ne pouvait plus paradoxalement vivre au sein de la cité démocratique. Le peuple d'alors, par ses juges, le lui a signifié par la condamnation à mort. Peut-être Popper a-t-il raison ? La démocratie d'alors ne pouvait plus supporter « l'individualiste » et « déviant » Socrate ? Le philosophe représentait pour elle un trop grand danger pour le pouvoir en place, par sa lucidité, par son exigence, par son exhortation pressante au respect de la loi, quoi qu'il puisse en coûter, même et surtout quand celle-ci est injuste, comme celle qui l'a condamné pour impiété et corruption de la jeunesse et à laquelle il n'a pas cherché à se soustraire.

Est-ce à dire alors que la démocratie, quel que soit l'angle de l'étude, celui de la notion ou celui de la factualité historique, de la définition ou des institutions, représente un objet polémique, par excellence ? Dès l'origine, la démocratie est un objet de louange ou de critique, adulée par les uns, rejetée par les autres : louée car régime de liberté et d'égalité, critiquée, suspectée, car régime d'uniformisation, de nivellement, de suppression des élites et de constante déviance par rapport à la loi. La modernité réactualisera et nourrira ces clivages. Objet polémique ou « problème » pour la philosophie politique, la démocratie ne semble pas circonscrire un objet unitaire, une fois dépassé l'ancrage faussement simple et illusoire de l'étymologie : « pouvoir du peuple ». De quel pouvoir s'agit-il, et de quel peuple ? Peuple-nation, peuple-plèbe ? Anciens et Modernes ont butté parfois sur les mêmes critiques, les mêmes apories. Qu'est-ce qui fait le propre de ce régime qui fascine autant qu'il repousse, qui engendre, parfois simultanément, aujourd'hui comme hier, espoir et crainte, confiance et défiance?

DIFFICULTÉS ET APORIES

Anciens et Modernes : rupture ou filiation ?

Benjamin Constant, au début du XIXᵉ siècle, se plaît à dresser un portrait saisissant de la distorsion existant entre le monde antique et le monde moderne, dont le foyer principal réside dans le fait démocratique lui-même et les idées qui lui ont donné le jour. Une épistémologie de la coupure est de part en part confectionnée autour des thèmes de la liberté, de l'individu, de la propriété, de l'égalité, de la guerre et de la paix, du commerce, et, bien sûr, de la représentativité spécifique aux démocraties modernes. Du côté des Anciens, selon Constant, pas de liberté individuelle, mais « un assujettissement complet de l'individu à l'autorité de l'ensemble »[1]. Le citoyen a tout pouvoir, l'individu n'en a aucun. L'homme public est souverain, l'homme privé n'a ni statut ni être véritable. De plus, la citoyenneté antique se découpe sur une toile de fond légitimant l'esclavage et l'exclusion de la sphère publique de certaines catégories sociales (esclaves, femmes, étrangers), ce qu'aucun moderne, insiste l'auteur, ne peut admettre, depuis « l'heureuse révolution » de 1789 (« je l'appelle heureuse, malgré ses excès, parce que je fixe mes regards sur ses résultats », note l'auteur, en guise d'ouverture !).

Néanmoins, à plusieurs reprises, Constant marque un temps d'arrêt à propos d'Athènes dont il reconnaît la

---

1. B. Constant, *De la liberté chez les Modernes*, « Pluriel », Paris, Hachette, 1980, IV, *De la liberté des Anciens, comparée à celle des Modernes*, Discours prononcé à l'Athénée royal de Paris en 1819, p. 495. Voir le texte en entier, p. 493-515.

spécificité, par rapport à Sparte ou Rome : « elle était de toutes les républiques grecques la plus commerçante, aussi accordait-elle à ses citoyens infiniment plus de liberté individuelle que Rome et que Sparte ». Athènes sert son éloge du commerce, vecteur de paix. Mais son territoire n'avait pas l'échelle des républiques modernes (certes !) et les mœurs s'en ressentaient nécessairement.

> Le but des anciens était le partage du pouvoir social entre tous les citoyens d'une même patrie. C'était là ce qu'ils nommaient liberté. Le but des modernes est la sécurité dans les jouissance privées ; et ils nomment liberté les garanties accordées par les institutions à ces jouissances.

Défenseur de l'individu et de la liberté qui s'y rattache, Constant ne peut qu'être fortement critique de la Révolution Française et des crimes commis au nom de la dite liberté, dont il impute la responsabilité, pour beaucoup, aux philosophes, notamment à l'abbé de Mably et à Rousseau, ce « génie sublime », « ce grand homme », « imbu des opinions antiques », devenues, à l'épreuve des faits, « fausses ». La volonté générale est infiniment trop coercitive. On voit d'ailleurs où elle a mené : à l'expérience de la Terreur. Constant, non sans pathétique, fait l'apologie de la liberté individuelle, pensée comme « jouissance paisible de l'indépendance privée », chère aux Modernes, et indissociable d'une visée sécuritaire. Il supplie les monarchies d'aujourd'hui de ne plus regarder vers les républiques anciennes qui ne peuvent être transplantées dans l'ici et maintenant de l'histoire. « Les progrès de la civilisation, les changements opérés par les siècles, commandent à l'autorité plus de respect pour les habitudes, pour les affections, pour l'indépendance des individus ». Inlassable répétition du Discours de 1819 !

Valorisation du système représentatif, en raison du nombre des citoyens modernes et de l'extension des territoires, espérance dans le commerce et la paix qui ne peut qu'en dériver, certitude que l'individu d'aujourd'hui ne peut plus se plier inconditionnellement au joug des lois sans revendiquer sa part légitime de jouissances privées, Constant annonce, sans conteste, Tocqueville. Il voit les dangers de la liberté moderne : le repli sur la sphère privée, propre à un certain individualisme, le renoncement trop facile « à notre droit de partage dans le pouvoir politique », en bref, le désintérêt pour la chose publique. L'éducation doit veiller à endiguer ces dérives et le législateur ne peut se contenter d'avoir « rendu le peuple tranquille » et content. « Il faut que les institutions achèvent l'éducation morale des citoyens ».

L'exhortation finale du Discours rappelle, pour partie, ce qu'étaient les plus hautes exigences antiques ou les exhortations de Rousseau, – moderne tourné vers l'Antiquité – dans le *Discours sur l'économie politique* de 1755. « En respectant (les droits individuels des citoyens), en ménageant leur indépendance, en ne troublant pas leurs occupations, (les institutions) doivent pourtant consacrer leur influence sur la chose publique, les appeler à concourir par leurs déterminations et par leurs suffrages à l'exercice du pouvoir », écrit Constant. La comparaison avec Rousseau peut, sur certains points, être tenue. Seules, pense le philosophe du XVIIIe siècle, les institutions politiques peuvent concourir à renforcer le lien social et élever l'individu à la prise en compte nécessaire, de la chose publique, mieux, à son « amour ».

> La patrie ne peut subsister sans la liberté, ni la liberté sans la vertu, ni la vertu sans les citoyens. Vous aurez tout si vous formez des citoyens, sans cela vous aurez de méchants esclaves, à commencer par les chefs de l'État. Or former les citoyens n'est pas l'affaire d'un jour, et pour les avoir hommes, il faut les instruire enfants [1].

---

1. Rousseau, *Écrits politiques*, Paris, 10/18, 1972, *Discours sur l'économie politique*, p. 55.

Rien de plus « sublime », pour Rousseau que cette mission éducative qui rendront les hommes « frères » dans un amour partagé de la patrie. Certes le paradigme est antique – Lacédémone, la Crète ou même les anciens Perses, sans omettre, bien sûr Rome, qui fut, pendant cinq siècles de sa République, « un miracle continuel », en ce qui concerne son « amour inné de la vertu », son « horreur de la tyrannie » – mais la préoccupation est moderne, tendue vers l'avenir, axée sur l'objectif de la formation du « peuple européen » – comme des nations qui le composent –, la grandeur de son « humanité », sa « personnalité » propre.

Que dire encore des *Considérations sur le gouvernement de Pologne et sur sa réformation projetée*, terminées en 1771, où Rousseau dénonce l'absence d'individualité de ceux qui constituent l'Europe en son siècle ?

> Il n'y a plus aujourd'hui de Français, d'Allemands, d'Espagnols, d'Anglais même, quoi qu'on en dise ; il n'y a que des Européens. Tous ont les mêmes goûts, les mêmes passions, les mêmes mœurs, parce qu'aucun n'a reçu de formes nationales pour une institution particulière. Tous, dans les mêmes circonstances, feront les mêmes choses : tous seront désintéressés, et seront fripons ; tous parleront du bien public, et ne penseront qu'à eux-mêmes ; tous vanteront la médiocrité (*mediocritas*, mesure), et voudront être des Crésus. Ils n'ont d'ambition que pour le luxe, ils n'ont de passion que celle de l'or : sûrs d'avoir avec lui tout ce qui les tente, tous voudront se vendre au premier qui voudra les payer. Que leur importe à quel maître ils obéissent, de quel État ils suivent les lois ? Pourvu qu'ils trouvent de l'argent à voler et des femmes à corrompre, ils sont partout dans leur pays [1].

La conception du commerce n'est pas la même, certes, ni la confiance dans la richesse, mais les deux auteurs, sans

---

1. Rousseau, *Écrits politiques, op. cit., Considérations sur le gouvernement de Pologne et sur sa réformation projetée*, p. 201.

qu'il y paraisse, se livrent, dans leur perspective propre, à une défense de l'individualité moderne. Rousseau exhorte la Pologne à rester libre, quelle que soit la voracité latente ou manifeste de ses oppresseurs et envahisseurs. « Si vous faites en sorte qu'un Polonais ne puisse jamais devenir un Russe, je vous réponds que la Russie ne subjuguera pas la Pologne ». L'histoire et les faits se chargeront de donner tort aux nobles espérances de Rousseau mais les idées demeurent, et le « peuple européen » doit savoir combiner individualité forte au plan national, et fraternité au plan international.

Constant occupe une place importante dans le parti libéral sous la Restauration et ne se livre pas ici à une défense du régime populaire, mais son Discours a le mérite de poser un certain nombre de questions sur la pertinence ou non du modèle antique, sur sa possible fondation du modèle démocratique moderne. Outre les clivages souvent forcés et peu défendables, propres en partie au genre oratoire dont il relève, le Discours de 1819 réactualise, en cette première forme de modernité s'ouvrant à la Renaissance, un certain nombre de questions que les Anciens s'étaient, à leur façon, déjà posées.

L'apathie politique, par exemple, ou encore l'individualisme qui, peu à peu, gagnait les citoyens de la Grèce antique et les amenait progressivement à un repli sur leur sphère propre, l'impérialisme des États qui les amenait à vouloir conquérir tout ou partie du monde, renforçant la défense de l'intérêt propre, furent l'apanage des siècles démocratiques d'Athènes et de la république de Rome, surtout en leur période déclinante. Périclès aurait-il mis tant de soin à élargir les bénéfices de la misthophorie si les citoyens avaient été à la hauteur de leur mission ? Aurait-il mis si fortement en garde contre un impérialisme démesuré s'il n'avait entrevu avec lucidité la contradiction qu'il engendrait envers l'idéal démocratique ?

Platon dénonce les méfaits de la liberté individuelle, qui gangrène Athènes, comme les méfaits du commerce, qui renforce ce goût de l'enrichissement personnel au mépris des intérêts collectifs et de la santé de l'État. Il a vu, à sa manière, la difficile coexistence des valeurs de liberté et d'égalité, pensée selon la proportion, le mérite, non le nivellement. Il a su très tôt, dès sa jeunesse, dès la condamnation à mort de Socrate, que la démocratie n'avait pas des institutions à la hauteur de ses exigences fondatrices, puisque le peuple gouvernait au gré de ses affects, des intérêts immédiats et sans souci durable et cohérent du bien commun. Le triomphe de la jouissance privée – prétendument « moderne » ! – se déroulait sous ses yeux dans ce gouvernement multiforme et chaotique qui n'avait plus de « démocratique » que le nom, passablement terni déjà. Il a, lui aussi, fait une critique de la guerre, de ses causes comme de ses effets. Tous les points principaux du Discours de Benjamin Constant pourraient ainsi être nuancés, voire discutés radicalement car trop abrupts et n'échappant pas souvent à la caricature simplifiante.

De plus, derrière les Anciens de Constant, se cachent les « Modernes » révolutionnaires, Robespierre ou Saint Just, coupables, à ses yeux, d'avoir vénéré le modèle antique jusque dans leur habillement ou leur drapé et d'avoir affirmé jusqu'à la pire des terreurs, la dictature du public sur le privé, en instaurant la suppression des libertés individuelles ! Se cache aussi, derrière le masque des Anciens, le moderne Empire napoléonien, où la souveraineté de l'État s'est substituée à celle du peuple, où la souveraineté d'un homme a été confondue avec celle de l'État. Étatique ou populaire, la souveraineté est toujours attentatoire aux libertés individuelles. Constant cherche à fonder une politique respectueuse de ces libertés. Existe-t-elle ? Peut-on parvenir à défendre l'individu contre l'État, la jouissance de la sphère privée contre la dictature du public ? Tels sont les vrais enjeux idéologiques du Discours de 1819.

L'arme littéraire, pseudo-épistémologique, de la « coupure » radicale entre Anciens et modernes est tout à fait secondaire, et surtout non probante, confrontée à l'histoire réelle et à la philosophie qui a tenté, en son temps, de la penser. Le peuple d'hier et celui d'aujourd'hui connaissent des difficultés analogues à constituer durablement un corps de citoyens et d'individus, faits pourtant pour vivre-ensemble. L'individualisme défini par Tocqueville comme « un sentiment réfléchi et paisible qui dispose chaque citoyen à s'éloigner de la masse de ses semblables et à se retirer à l'écart avec sa famille et ses amis ; de telle sorte que, après s'être créé une petite société à son usage, il abandonne volontiers la grande société à elle-même »[1], habitait les membres de la cité antique, restreinte hier, comme elle habite ceux de la cité moderne, élargie, aujourd'hui, à l'échelle du monde.

Constant, lui-même, l'avait compris puiqu'à la fin de son Discours, il exhorte à la combinaison, chez les Modernes, des deux formes de liberté. Cette combinatoire originale est à soi seule un programme politique, pédagogique, éthique, mû par un dessein de complétude et d'équilibre. Elle démontre l'impossibilité de la rupture radicale ou totale entre hier et aujourd'hui. Avant Tocqueville, mais avec une perception aussi aiguë de la fécondité des combinatoires et des liaisons, Constant sait que si le passé n'éclaire plus l'avenir, l'esprit est voué à marcher dans les ténèbres. Pour cette raison, les institutions d'aujourd'hui doivent élever « le plus grand nombre possible de citoyens à la dignité morale » et achever « l'éducation morale des citoyens ». Hormis la question de l'extension numérique, peut-être, l'exigence en matière institutionnelle est poussée aussi loin que chez les Anciens.

---

1. Tocqueville, *De la démocratie en Amérique*, t. II, partie II, chap. 2, E. Nolla (éd.), Paris, Vrin, 1990, p. 97 ; F. Furet (éd.), Paris, GF-Flammarion, 1993, p. 125.

Constant, l'apparent porte-parole des « Modernes » se retrouve aux côtés de Platon, qui assigne à l'éducation la charge la plus haute de l'État[1]. Comment penser alors, voire repenser, la démocratie dans un univers en pleine mutation et expansion, au mépris, souvent, de la plus élémentaire justice ou de la plus élémentaire dignité ? Faut-il ne voir en la démocratie qu'une « forme », qu'une espèce du genre « république » ? Un gouvernement, une exécution d'un pouvoir relevant de la souveraineté populaire, instance légiférante, essence et fondement de la *res publica* ?

République et démocratie : Souveraineté et gouvernement

En 1762, dans le *Contrat social*, Rousseau confère à la notion de république le sens cicéronien, d'État de droit, d'État légitime :

> J'appelle donc République tout État régi par des lois, sous quelque forme d'administration que ce puisse être : car alors l'intérêt public gouverne et la chose publique est quelque chose. Tout gouvernement légitime est républicain.

Le critère de la légitimité est avancé en note par l'auteur du *Contrat Social* :

> pour être légitime il ne faut pas que le gouvernement se confonde avec le souverain, mais qu'il en soit le ministre ; alors la monarchie elle-même est république[2].

La république ne rentre pas dans une typologie des régimes politiques, mais elle les conditionne, les fonde en nature, en valeur et en dignité. Elle sert d'étalon normatif, de principe, à toute évaluation des gouvernements. La souveraineté du peuple définit la république.

---

1. Platon, *Lois*, VI, 765 e.
2. Rousseau, *Contrat Social*, Paris, GF-Flammarion, 1966, II, 6, p. 75.

Dès le *Discours sur l'économie politique* de 1755, Rousseau distingue la souveraineté et le gouvernement. L'autorité suprême est appelée souveraineté : « elle a le droit législatif et oblige, en certains cas, le corps de la nation », tandis que l'autre instance nommée gouvernement, « n'a que la puissance exécutrice et ne peut obliger que les particuliers »[1]. La volonté générale – autre nom du corps politique – est dite tendre toujours à la conservation et au bien-être du tout et de chaque partie. « Elle est la source des lois pour tous les membres de l'État… et la règle du juste et de l'injuste ».

Très tôt, chez Rousseau, la question de la souveraineté dépasse celle des gouvernements effectifs. « Forme unique répandue à travers une pluralité d'ensembles », selon le mot platonicien du *Sophiste*[2], essence de l'État, la souveraineté du peuple transcende toutes les formes particulières des régimes, comme par exemple, la démocratie. Elle est la norme législative par excellence, le principe même du droit politique. Comme Cicéron qui jugeait un peu secondaire, voire insoluble, la question de savoir si la démocratie (gouvernement populaire, *civitas popularis*) est meilleure ou moins bonne que la royauté (*regnum*) ou l'oligarchie (le gouvernement de l'élite, les *optimates*), Rousseau construit l'idéal-type du politique. Il a nom République (*res publica*, *res populi*). Cicéron, dans le *De Republica*, met en avant, le lien (*vinculum*) qui façonne le peuple et le rend un tout inassimilable à une catégorie sociale empirique, comme la *plebs*, par exemple. Une cité n'est autre qu'un « peuple organisé », une « chose publique » ou « du peuple », « une société de citoyens ayant même droit » (*juris societas*). La loi est le lien et le socle de toute

---

1. Rousseau, *Écrits politiques*, op. cit., *Discours sur l'économie politique*, p. 35-36.
2. Platon, *Le Sophiste*, trad. fr. A. Diès, Paris, Les Belles Lettres, 1963, 253 d-e.

société politique. Elle scelle un droit commun[1]. Inaliénable, indivisible, éternelle, la loi détient un caractère inviolable et sacré : sainteté du contrat, n'hésite pas à écrire Rousseau en 1762.

La préoccupation du philosophe du XVIIIe siècle est moins celle d'une classification normative et descriptive des régimes, d'une recherche du meilleur ou du moins mauvais d'entre eux, que celle d'une fondation normative du droit politique. L'*Émile*, en sa cinquième partie, après le *Contrat social* dont le sous-titre porte sur les *Principes du droit politique*, l'atteste de façon résumée et lapidaire. Rousseau se veut pionnier en la matière. « Le droit politique est encore à naître, et il est à présumer qu'il ne naîtra jamais. Grotius, le maître de tous nos savants en cette partie, n'est qu'un enfant »[2]. Rousseau renvoie dos à dos Grotius et Hobbes : leurs principes se ressemblent, malgré l'apparence contraire. Montesquieu, certes, avant lui, s'y est essayé, mais en juriste, plus qu'en philosophe. Il traite du droit positif des gouvernements établis, non des normes. Or, « il faut savoir ce qui doit être pour bien juger ce qui est ». N'est-ce pas là l'axiome récurrent de Rousseau ? Dès 1750, le philosophe désirait écrire un grand ouvrage sur *Les Institutions politiques*. Ses forces eurent raison de son dessein et le *Contrat Social*, comme les dernières pages de l'*Émile* – « sommaire » du *Contrat social* – n'en sont que des « petits traités » !

---

1. Cicéron, *De Republica*, *De la République*, trad. fr. Ch. Appuhn, Paris, GF-Flammarion, I ; XXXII, I, XXVI. Au § XXV, Cicéron donne la définition de la *res publica* et celle de *populus* : « par peuple (*populus*), il faut entendre non tout assemblage d'hommes groupés en troupeau d'une manière quelconque mais un groupe nombreux d'hommes associés les uns aux autres par leur adhésion à une même loi et par une certaine catégorie d'intérêts ». L'agrégation y est très différente de l'association, comme le soulignera aussi Rousseau (*Contrat Social*, I, 5 : « dans l'agrégation, il n'y a ni bien public ni corps politique »). Voir aussi *De Republica*, III, XXII, sur l'universalité et la pérennité de la loi.

2. Rousseau, *Émile*, Paris, GF-Flammarion, 1966, V, p. 600 *sq*.

Jean Bodin que Rousseau cite, par exemple, à plusieurs reprises dans le *Discours sur l'économie politique*, a établi dès 1576, dans *Les Six livres de la République*, l'essence de la *res publica*. Il voit dans la souveraineté la *summa potestas*, ou le *summum imperium*, le pouvoir permanent, c'est-à-dire la « puissance absolue et perpétuelle d'une république »[1], la source légitime de son pouvoir, l'autorité législatrice suprême une et indivisible, qui s'incarne dans la multiplicité des gouvernements. Il forge même le concept moderne de souveraineté, pouvoir absolu temporel, venant de l'homme, non de Dieu[2]. Certes, Bodin n'est nullement apôtre du gouvernement populaire, qu'il taxe de monstruosité politique et morale, voire d'inexistence véritable, car trop « contre-nature ». Ce régime porte en lui une contradiction foncière : la souveraineté y est impossible puisqu'elle est la puissance de se faire obéir. Or cet État refuse l'obéissance[3]. Le peuple y est vu comme « une bête à plusieurs têtes, sans jugement et sans raison », habité par des désirs sans frein, une illusion chère aux citoyens et entretenue par eux, de se croire des « petits rois ». Le corps du peuple, pense l'auteur de la Renaissance, ne peut s'obliger lui-même.

Rousseau résoudra deux siècles plus tard, l'aporie liée à la conception bodinienne de l'État populaire. Il pense le peuple comme souverain, corps des citoyens – corps public, corps politique –, quand il est actif, État, quand il est passif, volonté générale inaliénable, indivisible et infaillible, puisque prenant sa source dans la droite raison humaine, non dans des passions divergentes ou sclérosantes, non dans l'intérêt protéiforme ou les opportunités changeant au gré de la fortune.

Bodin et Rousseau ont concouru à donner un éclairage fort et absolu à la notion de souveraineté définie comme indivi-

---

1. J. Bodin, *Les Six livres de la République*, G. Mairet (éd.), Livre de poche, n° 4619, 1993, I, 8, p. 111.
2. *Ibid.*, I, 9 : « Je ne parlerai que de la souveraineté temporelle ».
3. *Ibid.*, II, 7, p. 237 et VI, 4.

sible, comme unité principielle, norme absolue et inconditionnelle de la république, voire son être même. Ils ont l'un et
l'autre distingué la souveraineté de son exercice, plus diver-
sifié, circonstancié et nécessairement factuel. La « république » est une « forme essentielle et toujours simple », souligne
Bodin. Une, par essence, elle se distingue des « accidents innu-
mérables », liés aux régimes populaire, royal, aristocratique,
dans lesquels elle peut s'incarner. Certes, le paradigme
« nature » fonde le discours du penseur de la Renaissance ;
certes, Dieu a donné la nature comme modèle de la *res publica*
humaine, par son ordre hiérarchisé, sa finalité ou sa cohésion
interne, mais l'homme doit cependant la penser et l'instituer
par ses propres forces, en puisant dans ce qu'il est en lui de
meilleur.

En théorie, l'État populaire pourrait être dit le plus beau,
« le plus digne et le plus parfait », engendrant de grands
personnages, de grands orateurs, des jurisconsultes et artisans
de grand talent ; ce régime de l'égalité procure au peuple la
jouissance et le partage du bien public, mais, en pratique, ce
régime n'a pas existé[1] ! Il représente, dans les faits, « la forme
de république la plus vicieuse de toutes » ! Théoriquement,
régime de vertu, il distille, en pratique, le vice, confond bien et
mal, égalité arithmétique et géométrique, condamne à mort
Socrate, exile Thémistocle, ostracise Aristide le Juste ! Tout y
est brouillé. Le peuple n'y est pas éclairé, il agit le plus souvent
avec fureur, sans jugement ou mesure rationnelle. La démocratie – le terme est employé à la fin du chapitre – est la plus
vicieuse des formes de régime et la « droite monarchie », « la
plus excellente », car au plus proche du modèle naturaliste. Le
grand monde n'a qu'un seul Dieu souverain, la terre n'a qu'un

---

1. J. Bodin, *Les Six Livres de la République, op. cit.*, VI, 4, p. 521-539, pour
l'État populaire, mais le chapitre vaut d'être travaillé en entier jusqu'à la p. 553,
en particulier la comparaison faite par Bodin entre monarchie et démocratie.
Voir aussi la critique de l'État populaire en II, 1 et II, 7.

soleil. L'imitation de l'ordre cosmique s'impose à l'évidence à l'homme.

Rousseau assigne à tout gouvernement légitime le vocable de « républicain », dès que guidé par « la volonté générale, qui est la loi ». Le critère de légitimité repose sur la distinction foncière du gouvernement et du souverain. Le gouvernement doit se tenir exclusivement à la place qui est la sienne : ministre du souverain. À ce titre, la monarchie peut être dite république, dès lors que la constitution en jugule les travers, les dérives ou les excès. Seuls doivent y prévaloir l'intérêt général et l'obéissance inconditionnelle à la loi, si elle veut prétendre à la justesse et à la justice. Le livre III du *Contrat Social* affine et développe la distinction ainsi que la complémentarité du souverain et du gouvernement, en définissant ce dernier, dès l'ouverture, comme

> un corps intermédiaire établi entre les sujets et le souverain pour leur mutuelle correspondance, chargé de l'exécution des lois et du maintien de la liberté tant civile que politique… J'appelle donc gouvernement ou suprême administration, l'exercice légitime de la puissance exécutive, et prince ou magistrat, l'homme ou le corps chargé de cette administration.

S'ensuit un dénombrement des gouvernements, selon leurs formes respectives. La démocratie est l'une de ces « formes », aux côtés de la monarchie et de l'aristocratie. « Sorte de gouvernement sans gouvernement », puisque prince et souverain y coïncident, il se peut que, dans les faits, ce régime, « à prendre le terme dans la rigueur de l'acception », n'ait jamais véritablement existé et qu'il n'existera jamais[1]. Cette espèce du genre « république » porte-t-elle en son sein une sublimité qui la rend, à proprement parler, impropre à l'effectuation ?

---

1. Rousseau, *Contrat Social*, III, 4.

La démocratie, un gouvernement trop parfait ?

Rousseau a porté loin les distinctions fondatrices d'une pensée politique «moderne». Le citoyen se définit comme membre du souverain, le sujet, comme membre de l'État. La citoyenneté est l'exercice commun et direct de la souveraineté. Liberté et assujettissement volontaire, caractérisent l'homme de la république fondée par un contrat d'aliénation totale et inconditionnelle au corps politique. L'obéissance au caprice ou à l'appétit caractérise l'esclavage et l'obéissance à la loi qu'on s'est prescrite, seule, est liberté. La liberté naturelle est perdue au profit d'une liberté civile, politique, morale, exigeante, généreuse, mue par la seule considération du bien commun et l'unité du corps social. Le pacte d'égalité est dès lors bien fondé.

> Le pacte social établit entre les citoyens une telle égalité, qu'ils s'engagent tous sous les mêmes conditions et doivent jouir tous des mêmes droits. Ainsi, par la nature du pacte, tout acte de souveraineté, c'est-à-dire tout acte authentique de la volonté générale, oblige ou favorise également tous les citoyens ; en sorte que le souverain connaît seulement le corps de la nation, et ne distingue aucun de ceux qui le composent [1].

Le pouvoir souverain statue sur le général. Tout absolu, tout sacré, tout inviolable qu'il soit, ajoute Rousseau, il a pour bornes les conventions générales et ne peut les enfreindre sans se nier.

La puissance du vouloir commun – souverain, puissance législative – se distingue du pouvoir de faire, de mettre en œuvre, de faire faire, qu'est le pouvoir exécutif de l'État – « la force appliquée à la loi » –. La volonté souveraine ne peut s'aliéner, se transférer ou se représenter, le pouvoir de faire peut, lui, être confié, « commis », c'est-à-dire délégué.

---

1. Rousseau, *Contrat Social*, II, 4.

Les députés du peuple ne peuvent être ses représentants, ils ne sont que ses commissaires; ils ne peuvent rien conclure définitivement. Toute loi que le peuple en personne n'a pas ratifiée est nulle; ce n'est point une loi [1].

Se distingue bien sûr, chez Rousseau, comme autrefois, chez Platon ou Aristote, la loi du décret : la première est un acte de la volonté générale et ne peut porter que sur le général, le second considère le particulier, relève du gouvernement, soit du pouvoir de l'État [2]. Les distinctions conceptuelles inhérentes aux « principes du droit politique » mises en place, surgissent nécessairement des problèmes et des interrogations. Rousseau a vu, comme Montesquieu quelques années avant lui, que le danger de tyrannie – ou de despotisme – est maximum dans le gouvernement démocratique parce que le peuple y est précisément à la fois souverain et prince, « monarque et sujet », pour reprendre l'expression de Montesquieu, au second chapitre du second livre de l'*Esprit des Lois*. Le vouloir particulier du second peut altérer ou corrompre la volonté générale du premier, en termes plus rousseauistes.

En théorie – comme chez Bodin – la démocratie représente le modèle de symbiose entre celui qui fait la loi et celui qui l'exécute : le peuple y est « prince et souverain », en effet. Le pouvoir exécutif, joint au pouvoir législatif, pourrait désigner, en théorie ou abstraitement, « la meilleure constitution » et pourtant « les choses qui doivent être distinguées ne le sont pas ». Rousseau est pris au piège de ses propres distinctions. Si le pouvoir du citoyen est réduit au pouvoir de vouloir, sans pouvoir de faire, le peuple comme corps des citoyens se voit frappé d'une certaine impuissance à mettre en œuvre le pouvoir comme participation – critère essentiel et constitutif de la démocratie, depuis sa fondation originelle ancrée dans l'histoire d'Athènes. La citoyenneté ne peut se muer en magis-

1. *Ibid.*, III, 15.
2. Rousseau, *Contrat Social*, IV, 1 ; II, 3 et III, 4.

trature, le législatif en exécutif. Seul l'État a la prérogative du « faire », de se faire obéir, non la souveraineté populaire, réduite à n'être qu'un sujet de droit, instituant la loi. L'instance active se trouve comme privée d'effectuation. Les ordres sont clairement distingués.

> Il n'est pas bon que celui qui fait les lois les exécute, ni que le corps du peuple détourne son attention des vues générales pour les donner aux objets particuliers. Rien n'est plus dangereux que l'influence des intérêts privés dans les affaires publiques, et l'abus des lois par le gouvernement est un mal moindre que la corruption du législateur, suite infaillible des vues particulières [1].

L'on comprend que Rousseau ait dénié à la démocratie le fait d'avoir « véritablement » existé. Le *Discours sur l'économie politique* de 1755, pourtant fort élogieux sur les « gouvernements anciens », en matière de législation ou d'éducation de la jeunesse, ne reconnaît pas Athènes comme démocratie, mais comme une « aristocratie très tyrannique gouvernée par des savants et des orateurs ». Rome, dans ce texte, paraît plus démocratique à Rousseau qu'Athènes, en raison de « son amour inné de la vertu » et de « son horreur de la tyrannie » ! Le mythe démocratique de Rome affiche sa pertinence, hier comme aujourd'hui. La raison pour laquelle la démocratie véritable n'a jamais existé et n'existera jamais pour l'auteur du *Contrat Social* tient en quelques mots :

> il est contre l'ordre naturel que le grand nombre gouverne et que le petit soit gouverné. On ne peut imaginer que le peuple reste incessamment assemblé pour vaquer aux affaires publiques, et l'on voit aisément qu'il ne saurait établir pour cela des commissions, sans que la forme d'administration change.

Idée-limite alors que l'idée d'un gouvernement démocratique, qui se détruit ou s'annule elle-même dès que l'on

---

1. Rousseau, *Contrat Social*, III, 4.

veut lui conférer une forme concrète? La démocratie est-elle vouée à l'abstraction pure de la chose pensée, non réalisée? Il faudrait tellement de conditions pour qu'elle le fût : la petitesse du territoire où chacun connaîtrait chacun; une grande simplicité des mœurs; beaucoup d'égalités dans les rangs et les fortunes; peu ou point de luxe, car celui-ci est nécessairement corrupteur, du riche comme du pauvre, chez qui il distille l'envie. Rousseau mentionne, sans en nommer l'auteur, le critère de la vertu – comme amour des lois et de la patrie – donné à ce régime par Montesquieu en 1748 dans *De L'esprit des lois*. Imprécision, voire confusion du concept, objecte l'auteur du *Contrat Social*! La démocratie est le gouvernement qui engendre le plus de guerres civiles, de séditions, d'agitations, en raison de la variabilité infinie de ses formes, de la paresse et de la lâcheté de ses membres, de leur versatilité.

La démocratie n'est-elle qu'un régime idéal, moral, sublime, hors d'atteinte pour la finitude vacillante des hommes? L'on connaît la conclusion accablante du chapitre consacré à la démocratie : « S'il y avait un peuple de dieux, il se gouvernerait démocratiquement. Un gouvernement si parfait ne convient pas à des hommes » ! Les termes sont quasiment les mêmes que ceux employés au Livre IV du *Contrat Social*, évoquant la question de la religion civile et mentionnant l'exemple du christianisme – celui de l'Évangile – : cette religion de l'homme, « sainte, sublime, véritable (où) les hommes se reconnaissent tous comme frères et (où) la société qui les unit ne se dissout pas même à la mort ». Mais « une société de vrais chrétiens ne serait plus une société d'hommes » ! Démocratie, république chrétienne, sont renvoyés du côté de la perfection pure, incapables de s'instituer durablement dans les faits. Du côté de l'idéal éthique, voire de la fiction rêvée, souhaitée : l'utopie?

Rousseau serait-il plus favorable à l'aristocratie, plus « naturelle », à certains égards, moins artificielle, moins absolue, plus flexible? Là encore, Rousseau penche vers l'idéal antique. «C'est l'ordre le meilleur et le plus naturel que les plus sages gouvernent la multitude, quand on est sûr qu'ils la gouverneront pour son profit, et non pour le leur»[1]. Une aristocratie fondée sur le mérite peut savoir servir les intérêts du peuple. Le propos de Rousseau semble plus mesuré lorsqu'il s'agit des autres espèces de république légitime. Mais la question du «meilleur gouvernement» est, selon lui, restée souvent «insoluble» ou «indéterminée», soumise à des conditions très précises, des combinatoires subtiles et variables, selon les peuples. Une seule question vaut pourtant d'être posée :

> Quelle est la fin de l'association politique? C'est la conservation et la prospérité de ses membres. Et quel est le signe le plus sûr qu'ils se conservent et prospèrent? C'est leur nombre et leur population... le gouvernement sous lequel, sans moyens étrangers, sans naturalisation, sans colonies, les citoyens peuplent et multiplient davantage, est infailliblement le meilleur[2].

Tout tourne décidément autour de la notion de peuple qui porte en lui la responsabilité du devenir de l'État. Peut-il échapper à sa pente naturelle qui consiste à dégénérer?

Rousseau décidément est plus proche qu'il n'y paraît, sur de nombreux points, de Montesquieu : Si Sparte et Rome ont péri, quel État peut espérer de durer toujours[3]? La puissance législative représente pour Rousseau et Montesquieu, «le cœur» de l'État : peuple non représenté et indivisible pour

1. Rousseau, *Contrat Social*, III, 5.

2. Rousseau, *Contrat Social*, III, 9.

3. *Ibid.*, III, 11 ; Montesquieu, *Esprit des Lois*, XI, 6 : «Comme toutes les choses humaines ont une fin, l'Etat dont nous parlons (la monarchie d'Angleterre) perdra sa liberté, il périra. Rome, Lacédémone et Carthage ont bien péri. Il périra, lorsque la puissance législative sera plus corrompue que l'exécutrice».

Rousseau, peuple représenté, joint au corps des nobles, pour Montesquieu. Mais l'un et l'autre savent, chacun à leur manière, que le peuple a besoin d'être guidé, qu'il peut vouloir le bien, mais ne le voit pas toujours[1]. La tâche du législateur, cet « homme extraordinaire dans l'État », médiateur entre les dieux et les hommes, se verra, chez Rousseau, confier cette mission d'instituer un peuple.

Vox populi, vox Dei ?

a) Quel peuple ?

La réflexion sur la nature de la démocratie passe inexorablement par une analyse minutieuse de la notion de « peuple ». Représente-t-il tout ou partie des habitants des cités, des républiques ? Ne vaut-il que sélectionné, trié, représenté, ou peut-il espérer ou revendiquer une pleine et entière expression de son entité ? Ces questions se sont posées depuis la formation historique originelle de la démocratie. Platon se défie du pouvoir du peuple et ne l'envisage éventuellement que si encadré, formé, éduqué par des gouvernants-philosophes, car le peuple – c'est-à-dire le grand nombre (*plèthos*) – n'est pas naturellement philosophe, pas plus que le *dèmos*. Ceci relève même d'une impossibilité logique autant qu'onto-logique, d'une aberration, comme l'affirme Socrate dans la *République*[2]. Aristote, a mis tout son talent à nuancer les propos de son maître. Il a donné des formes diverses de la démocratie[3], classé celles-ci selon la nature du peuple etc. Mais le problème de savoir si le peuple – en son unité d'accep-tion de corps des citoyens ou en sa diversité pluralisée, exami-

---

1. Rousseau, *Contrat Social*, II, 6 – De la loi, et II, 7 – Du législateur ; Montesquieu, *Esprit des lois*, XI, 6 : « Le grand avantage des représentants, c'est qu'ils sont capables de discuter des affaires. Le peuple n'y est pas du tout propre ; ce qui forme un des grands inconvénients de la démocratie ».

2. Platon, *République*, VI, 494 a.

3. Aristote, *La Politique*, VI, 4.

née sous sa forme sociale, économique ou politique –, est apte véritablement à se diriger, traverse la pensée politique antique et moderne.

Machiavel, dans les *Discours sur la première décade de Tite-Live*, s'attache à revenir sur les distinctions de la tradition antique et à maintenir la spécificité du *populus* par rapport à la *plebs* et à la *multitudo*. Il préfère la dichotomie des régimes – la république distinguée en deux formes, l'aristocratie (pouvoir du Sénat, pour l'exemple romain) et la démocratie (pouvoir du *populus*) – à la classification ternaire habituelle – monarchie, aristocratie, démocratie. Il ouvre, ce faisant, la voie à Montesquieu, qui voit dans la république un mode de gouvernement spécifique par rapport à la monarchie et au despotisme. « Dans la république, le peuple en corps a la souveraine puissance, c'est une démocratie. Lorsque la souveraine puissance est entre les mains d'une partie du peuple, cela s'appelle une aristocratie », souligne l'auteur de l'*Esprit des Lois*, au second chapitre du Livre II de cet ouvrage. L'extension ou la restriction donnée au pouvoir du peuple scinde la république en deux sous-espèces gouvernementales.

Les *Discorsi* de Machiavel sont proches de l'héritage d'un Polybe ou d'un Cicéron : la multitude (*multitudo*), souvent échauffée, souvent ignorante, assimilable alors à la vile populace, a besoin d'un chef, mais le peuple (*populus*) peut s'unir pour défendre sa liberté : *vox populi, vox Dei*[1]. Il peut avoir plus de discernement, dans ses choix, ses déterminations, ses anticipations, « sa faculté occulte de prévoir les biens et les maux », que les princes. Machiavel est convaincu que c'est « le bien général et non l'intérêt particulier qui fait la puissance d'un État ; et sans contredit, on n'a en vue le bien public que

---

1. Machiavel, *Discours sur la première décade de Tite-Live*, I, 58, trad. fr. T. Guiraudet, Paris, GF-Flammarion, 1985. Voir aussi I, 4 ; I, 44 ; II, 2. Rousseau, dans le *Discours sur l'économie politique*, *op. cit.*, p. 38 s'arrête sur l'adage *Vox populi, vox Dei*.

dans les républiques ». L'adage *Vox populi, vox Dei*, devient l'axiome républicain, par excellence, au sens cicéronien, machiavélien ou rousseauiste de ce terme. Car pour l'auteur du *Discours sur l'économie politique* de 1755, il est clair que « l'intérêt personnel se trouve toujours en raison inverse du devoir... la volonté générale est toujours aussi la plus juste et la voix du peuple est, en effet, la voix de Dieu ». Le peuple, ici, n'est pas la populace, ni le plus grand nombre, mais un être moral dont sont redevables les individus et leurs droits : la personne publique.

Machiavel n'est nullement un défenseur de la république populaire. À l'instar de Cicéron, sans conteste plus favorable à une constitution mixte, il demeure néanmoins un profond défenseur de la *res publica*. Le peuple, chez l'auteur du *Prince* comme des *Discours*, revêt la dignité d'un corps politique et social. Dans la Dédicace à Laurent de Médicis, dès l'ouverture du *Prince*, le propos est sans ambiguïté :

> Ceux qui peignent les paysages se tiennent dans la plaine pour considérer la forme des montagnes et des lieux élevés ; et pour examiner les lieux bas, ils se juchent sur les sommets. De même, pour bien connaître la nature des peuples, il faut être prince ; et pour connaître les princes, être du peuple [1].

Rousseau ne s'y est pas trompé qui a vu dans *Le Prince*, le livre des républicains, par excellence. Il y reconnaît que Machiavel a feint de donner des leçons aux rois, mais qu'en fait il en a donné de grandes aux peuples, en l'aidant à débusquer les ruses infinies de ceux qui exercent le pouvoir, à lire sous les masques de leur culture des apparences. Il a œuvré plus qu'aucun autre, à informer et éclairer le jugement populaire. La reconnaissance de l'auteur du *Contrat Social* est grande

---

1. Machiavel, *Le Prince*, trad. fr. J. Anglade, Paris, Livre de poche, 1983, p. 2.

envers le diplomate Renaissant, qui a exhorté à ne pas mépriser le peuple et misé sur la justesse de son bon sens.

Spinoza, un siècle auparavant, dans le *Traité Politique*, notamment, manifeste également une forte admiration pour Machiavel en qui il voit « un partisan constant de la liberté ». Hobbes et Spinoza ont concouru l'un et l'autre, à l'âge classique, à un éclairage de la notion de peuple. Le *De Cive* de Hobbes, en 1642, s'arrête, là encore, sur la différence insigne existant entre *multitudo* et *populus* :

> Le peuple est un certain corps, et une certaine personne, à laquelle on peut attribuer une seule volonté, et une action propre : mais il ne se peut rien dire de semblable de la multitude. C'est le peuple qui règne en quelque sorte d'État que ce soit : car dans les monarchies mêmes, c'est le peuple qui commande, et qui veut, par la volonté d'un seul homme. Les particuliers et les sujets sont ce qui fait la multitude [1].

Texte de poids qui fonde, en quelque sorte, l'acception moderne de la notion, tout en la reliant aux investigations des Anciens.

b) *La personne publique*

Le peuple résulte bien d'une sorte de transmutation de la multitude, qui forme désormais un corps uni, une « personne publique ». De son côté, Spinoza, dans le *Traité Politique* [2], inachevé et posthume, distingue également, au chapitre XI, le *populus* de la *multitudo*. Le *populus* représente le corps public des citoyens dont sont exclus les femmes, les pupilles, les étrangers, les criminels, les délinquants, par exemple. Le partisan de la monarchie qu'est Hobbes, le partisan de la démo-

---

1. Hobbes, *Le citoyen ou les fondements de la politique*, trad. fr. S. Sorbière, Paris, GF-Flammarion, 1982, VI, § 1 (A) et XII, § 8 (B), p. 222-223 ; voir aussi p. 148-150.

2. Spinoza, *Traité politique*, trad. fr. Ch. Appuhn, Paris, GF-Flammarion, 1966, chap. XI, 3, p. 114.

cratie qu'est Spinoza, ont à cœur l'un et l'autre de fonder le politique sur un corps homogène et un, sur une association volontaire et non sur une agrégation de fait, une juxtaposition d'individus sans lien véritable. La démocratie n'est pas pour Spinoza le pouvoir sans frein de la foule, mais l'égalité du peuple devant la loi, qui prend sa source dans l'instance rationnelle humaine.

La fin de l'État n'est rien d'autre que la paix et la sécurité de la vie et « le gouvernement le meilleur est celui sous lequel les hommes passent leur vie dans la concorde et celui dont les lois sont observées sans violation » [1]. Il ne s'agit pas seulement de la vie biologique, mais de celle que la raison, la vertu, la recherche de la vérité animent, précise Spinoza. Le chapitre XVI du *Traité Théologico-Politique* montre avec force combien la démocratie désigne le lieu exemplaire de l'autodétermination rationnelle de l'homme, de l'autonomie éthique et politique. La liberté du peuple n'est pas le libre arbitre, mais la puissance d'agir sous la conduite de la raison, d'être cause et maître de ses actes, de connaître la nécessité, de maîtriser les passions, de les orienter vers le bien ou l'utile, à l'échelle individuelle comme à l'échelle collective.

Régime politique où les hommes n'ont d'autres maîtres qu'eux-mêmes puisqu'ils y sont les auteurs de la loi, la démocratie se définit comme « l'union des hommes en un tout qui a un droit souverain collectif sur tout ce qui est en son pouvoir » [2]. Son fondement, comme sa fin, n'est autre « que de soustraire les hommes à la domination arbitraire de l'appétit et à les maintenir, autant qu'il est possible, dans les limites de la Raison, pour qu'ils vivent dans la concorde et dans la paix ». Ce régime paraît à Spinoza « le plus naturel », le plus proche de

1. Spinoza, *Traité Politique*, chap. V, 2, p. 36.

2. Spinoza, *Traité Théologico-politique*, trad. fr. Ch. Appuhn, GF-Flammarion, 1965, chap. XVI, p. 266.

la liberté que la Nature – c'est à-dire Dieu – reconnaît et octroie à chacun.

La démocratie se veut alors délivrance de toutes les formes de captivité, volontaires ou involontaires, imputables à l'individu comme à la société, aux gouvernés comme aux gouvernants. Elle soustrait les hommes à la servitude des inclinations, des tendances, qui œuvrent souvent en sens contraire les unes des autres, sans ordre ni régulation. Elle conjure la peur et lui substitue un vivre-ensemble soucieux du bien commun, qui assure la liberté du dire et du penser et rend possible l'expérience de la joie et le salut de l'âme. La fin dernière de l'État, pour Spinoza, n'est pas la domination, mais la liberté. L'État est institué « pour que l'âme et le corps (des hommes) s'acquittent en sécurité de toutes leurs fonctions, pour qu'eux-mêmes usent d'une raison libre, pour qu'ils ne luttent point de haine, de colère ou de ruse, pour qu'ils se supportent sans malveillance les uns les autres » [1].

Plutôt que le loup, Spinoza aime à exhorter le Dieu qui est en tout homme. « L'homme est un Dieu pour l'homme » [2], s'il vit sous la conduite de la Raison. Certes, cette conduite est rare, ce qui en fait son prix, son excellence, son mérite. Les avantages en sont incommensurables pour l'individu, comme pour les sociétés. Il n'est décidément qu'un péché pour la cité, comme pour ses membres : agir contrairement au commandement de la Raison [3]. L'*Éthique* et les traités plus politiques de Spinoza forment à l'évidence une combinatoire harmonieuse, où les objectifs comme les principes se rejoignent, parce qu'ils ne font qu'un. L'homme détient en lui-même les armes de son salut ou de sa perte. Il peut passer, s'il le veut, s'il

1. Spinoza, *Traité Théologico-Politique*, chap. XX, p. 329.
2. Spinoza, *Éthique*, trad. fr. Ch. Appuhn, Paris, GF-Flammarion, 1965, IV, prop. XXXV, scolie, p. 250. Voir aussi Hobbes, *Le Citoyen*, Épître dédicatoire, p. 83 : « et certainement il est également vrai, et qu'un homme est un dieu à un autre homme, et qu'un homme est aussi un loup à un autre homme ».
3. Spinoza, *Traité Politique*, chap. IV, 4, p. 34.

a compris clairement et distinctement où se trouve son avantage, de la servitude à la liberté. Le peuple peut former une communauté d'hommes libres et choisir de vivre selon la loi commune, pour que chacun ait ainsi la possibilité d'exercer sans crainte, sa liberté de penser. La démocratie conçue et défendue par Spinoza relève d'une conception métaphysique où le mode fini qu'est l'homme ne peut s'envisager comme un empire dans un empire, mais dans son lien étroit avec la Nature dont il est une des plus nobles expressions. Elle représente le régime politique qui, par sa fondation rationnelle, est au plus proche de l'ordre naturel. Nature Naturante – Dieu – et Nature Naturée – ce qui en dérive – sont liées par une nécessité intrinsèque et bien vivante.

c) *Peuple et histoire*

Mais le peuple, sujet d'une auto-institution rationnelle, n'est-il pas, ici, seulement un être construit, tel un paradigme théorique, un idéal, un être de raison, plus qu'un être de chair ou une réalité d'expérience? Les passions qui le structurent peuvent, à tout instant, l'orienter vers la servitude plutôt que vers la liberté, son unité se démembrer et se détruire. Qu'en est-il du modèle historique et social du peuple nation, dans sa tentative d'effectivité? Cette question hante Kant, Hegel, ou Marx, dans leurs registres propres. Le peuple comme sujet universel du politique est-il voué à rester une abstraction vide, déclinant à l'épreuve des faits, la possibilité de se mettre durablement et valablement en place? La *vox populi, vox Dei* a engendré, on le sait, la Terreur, corollaire historique de la Révolution Française de 1789. Kant et Hegel veulent néanmoins voir dans la fondation révolutionnaire française, l'expression d'un progrès de la pensée et de l'action, sans précédent. « C'était là un superbe lever de soleil. Tous les êtres pensants ont célébré cette époque. Une émotion sublime a régné en ce temps-là, l'enthousiasme de l'esprit a fait frissonner le monde, comme si à ce moment-là on en était arrivé à la véritable réconciliation du divin avec le monde », note Hegel [1].

Beauté, grandeur d'un premier commencement qui peu à peu a engendré, en raison de ses abstractions, de ses incomplétudes de pensée, des son formalisme étroit, les événements les plus horribles et les plus cruels, pour reprendre la formulation, cette fois, du § 258 des *Principes de la philosophie du droit* hégéliens [2]. Le peuple était-il autre chose qu'un « tout inorganique », abstrait, immature, « une masse informe », masquant la juxtaposition d'éléments isolés, qui ne pouvaient constituer une unité digne de ce nom ? Hegel critique durement la chimère démocratique et vise autant Rousseau que Robespierre.

Quelques décennies auparavant, Kant, dans le *Conflit des Facultés* [3] de 1798, salue « l'événement de notre temps qui prouve la tendance morale de l'humanité », en choisissant, momentanément, de dépasser la question de sa réussite ou de son échec. Il salue le mouvement vers le progrès, l'évolution – plus que la révolution –, la marche vers la constitution républicaine génératrice de paix, la tentative d'un peuple qui s'est donné des lois d'après les principes universels du droit. Il reconnaît la portée mondiale de l'événement inspiré par le modèle intelligible de la *Respublica noumenon*, idéal platonicien, non chimérique, « norme éternelle de toute constitution politique en général ». Même si confrontée à l'expérience, la mise à l'épreuve de l'idéal dans la *Respublica phenomenon* s'avère lourde de dysfonctionnements, même si la « réforme de la constitution d'un peuple aurait finalement échoué », Kant

---

1. Hegel, *Leçons sur la philosophie de l'histoire*, trad. fr. J. Gibelin, Paris, Vrin, 1963, p. 340.

2. Hegel, *Principes de la philosophie du droit*, trad. fr. R. Derathé et J.-P. Frick, Paris, Vrin, 1998, § 258 ; § 303, Remarque ; § 308, Remarque.

3. Kant, *Le Conflit des Facultés*, trad. fr. S. Piobetta, Paris, Éditions Gonthier, 1965, Introduction, VI-IX. Voir aussi *La Critique de la Raison pure*, trad. fr. A. Tremesaygues et B. Pacaud, Paris, PUF, 1963, Deuxième Division, Livre I, 1re section, Des idées en général, p. 264-265.

n'en considère pas moins l'importance, l'influence, la portée prophétique indéniable d'une tel phénomène.

Signe de la majorité d'un peuple en train de se chercher, de s'élaborer – un peu à tâtons encore – la fondation républicaine française inspire au philosophe allemand la plus vigilante des attentions. Certes Kant n'est pas « démocrate » : il redoute dans le régime populaire le despotisme d'une majorité qui décide pour tous, alors qu'ils ne sont pourtant pas tous. Il lui préfère la république, fondée sur une distinction réelle des pouvoirs. La théorie de la représentation prend, chez lui, la place de la théorie de la souveraineté. Kant et Hegel se défient du peuple et de ses agissements impétueux et désordonnés. Ils ne sont pas si éloignés que cela de Montesquieu qui distinguait le « petit peuple » des « principaux », chargés de le représenter, tant la nature du peuple est, selon l'auteur de l'*Esprit des Lois*[1], d'agir par passion plutôt que par raison.

Le livre XI de l'ouvrage – au chapitre VI, consacré à La Constitution d'Angleterre – revient longuement sur cette nécessité d'encadrer le peuple par tous les moyens juridiques, par une pluralité d'instances au sein du pouvoir législatif, de façon à combattre les dérives ou les dangers inhérents à un corps constitué de « petits » ou de « grands », pas toujours maître de lui-même dans ses jugements, ses agissements ou ses choix. Le théoricien de la modération et de la représentativité populaire qu'est Montesquieu a trouvé dans le modèle anglais, stylisé, l'idéal-type du régime libre, modéré, équilibré par la distribution de ses pouvoirs, limitant le mieux juridiquement les risques de despotisme inhérent à chaque corps ou chaque puissance, laissés à eux-mêmes.

Les philosophes réfléchissant sur la liberté éprouvent le besoin d'ancrer leurs dires dans la chair d'un pays, fût-il partiellement construit, imaginaire et réel à la fois, mythique et historique. Rousseau désigne la Suisse, la République de

---

1. Montesquieu, *De l'esprit des lois*, II, 2, p. 135.

Genève, par exemple, ou encore la Corse ou la Pologne, comme terres d'élection et de culture des deux valeurs démocratiques par excellence, égalité et liberté. La Dédicace du *Discours sur l'origine et les fondements de l'inégalité parmi les hommes*, en 1754, est tout entière vouée à honorer la république genevoise, combinatoire harmonieuse et heureuse d'amour des lois, de la patrie, et des citoyens, où la liberté civile est au plus proche encore de la liberté naturelle. Stylisation d'un État qui fut aussi la patrie réelle de Rousseau, qui en 1762, condamna *Le Contrat Social* et l'*Émile* et, du même coup, leur auteur à la plus tragique errance hors des murs genevois et, bientôt hors de Suisse. Le pays de la liberté s'est fait censeur au point de ne plus tolérer en son sein le citoyen de Genève qu'était Rousseau.

Tocqueville, en 1830, choisit l'Amérique comme terre historique de l'enracinement démocratique, mais aussi comme idéal-type du régime de l'égalité et de la liberté. On doit à l'auteur de *La Démocratie en Amérique* d'avoir stigmatisé la difficile coexistence des valeurs égalité et liberté ainsi que les risques de «despotisme doux» inhérents à nos modernes démocraties. Faut-il y voir une des dernières apories liées au régime populaire, mises au jour par la pensée moderne, placée devant une tragique alternative : ou l'égalité dans la servitude ou l'inégalité dans la liberté ? Quel être et quel avenir pour la démocratie ?

Liberté et égalité, valeurs incompatibles ?

Tocqueville étudie en profondeur et avec les talents d'une approche sociologique, historienne, mais aussi philosophique et juridique, la relation difficultueuse entre les deux valeurs attachées au fait comme à l'idée démocratique : l'égalité et la liberté. Certes, avant lui, les Anciens déjà s'étaient penché sur le problème. Platon, à sa façon et à son heure, a constaté, tenté de mettre au jour pour les éradiquer, les méfaits d'une liberté débridée, d'une égalité sans hiérarchie. Il a assisté, impuissant, au déclin du régime populaire et aux formes de tyrannie qui se distillaient en son sein. Plus la revendication de liberté était forte et moins l'ordre fondé sur la proportion juste, celle de l'égalité géométrique, pouvait s'instaurer et demeurer. La hiérarchie abolie, la nature destituée de sa fonction de modèle normatif organisateur, tout se trouvait voué à l'errance, au mal, au malaise individuel et social, au trouble, à l'inquiétude sans fin pour une hypothétique survie au sein du tout cosmique et politique.

Une vingtaine de siècles plus tard, Tocqueville constate la fin d'un monde fondé, jadis, sur la hiérarchie et les valeurs d'une tradition forgeant un lien fort entre les générations. Abolition progressive de l'ordre aristocratique inégalitaire, brouillage des trois corps – noblesse, clergé, Tiers-État –, les mutations s'échelonnant sur sept siècles et donnant lieu au XVIIIᵉ siècle, à la Révolution française, comme à l'aboutissement d'un processus lent et long, suivant une marche inexorable. Le fait démocratique, selon l'auteur, se reconnaît à trois directions : l'égalisation progressive des conditions, l'affirmation de la souveraineté populaire et la puissance de l'opinion publique. L'observateur de *La Démocratie en Amérique*, parti en 1830 sur le nouveau continent, pour échapper à la fièvre révolutionnaire française et à ses appétits récurrents de changements par la violence, ne manque pas de noter le caractère quasi fatal, voire «providentiel», de l'avènement démocratique. Il inspire à Tocqueville, une «sorte de terreur religieuse». Elle s'empare de lui à la vue «de cette révolution irrésistible qui marche depuis tant de siècles à travers tous les obstacles», comme il le note, en 1835, dès l'Introduction de la première *Démocratie en Amérique*. «Vouloir arrêter la démocratie paraîtrait alors lutter contre Dieu même»!

L'égalité des conditions est en marche, en effet, depuis le XIᵉ siècle, tant chez les nobles, qui baissent dans l'échelle sociale que chez les roturiers qui doucement s'élèvent. Mouvement lent et long d'un balancier qui, élevant les uns, abaissant les autres, amène peu à peu un nivellement des conditions. Tout « l'univers chrétien » atteste cet état des choses, car « le christianisme, qui a rendu tous les hommes égaux devant Dieu, ne répugnera pas à voir tous les citoyens égaux devant la loi ». Une des originalités de Tocqueville tient sans doute à cette prise en compte d'une histoire de la longue, très longue durée, pendant laquelle les processus de « révolution sociale » se mettent en place. La Révolution Française est tout sauf un premier commencement radicalement neuf. Elle est préparée à advenir par des mutations sociales, politiques, religieuses, qui s'échelonnent sur un temps long. La « passion de l'égalité », cultivée déjà en Europe par les rois absolus, les plus puissants des « niveleurs », précède celle de la liberté entendue au sens démocratique du terme. Axiome récurrent de l'analyse tocquevillienne qui traverse *La Démocratie en Amérique* comme *l'Ancien Régime et la Révolution*. Les rois de France, par exemple,

> quand ils ont été ambitieux et forts, ont travaillé à élever le peuple au-dessus des nobles ; et quand ils ont été modérés et faibles, ils ont permis que le peuple se plaçât au-dessus d'eux-mêmes. Les uns ont aidé la démocratie par leurs talents, les autres, par leurs vices. Louis XI et Louis XIV ont pris soin de tout égaliser au-dessous du trône, et Louis XV est enfin descendu lui-même avec sa cour dans la poussière [1].

L'Ancien Régime a hautement travaillé, de façon souterraine, à l'éclosion du mouvement révolutionnaire français, caractérisé par « un amour de l'égalité et de la liberté ».

Tocqueville va chercher à comprendre alors comment, passés les élans de ferveur révolutionnaire, les Français ont peu à peu oublié la liberté au profit de la seule égalité, faisant

---

1. Tocqueville, *De la démocratie en Amérique*, I, Introduction, p. 5 ; éd. Furet, p. 59. Voir aussi II, 2ᵉ partie, chap. I, p. 95 ; éd. Furet, p. 122.

sortir tout naturellement l'Empire du sein même de la Révolution. La passion de l'égalité oublieuse de la liberté mène-t-elle alors nécessairement au despotisme ? Le régime de l'égalisation des conditions qu'est la démocratie pousse-t-elle à l'atomisation individualiste, au repli sur la sphère privée plus qu'à la vie communautaire orientée par le souci du bien commun ? Faut-il y voir une loi de l'histoire, corroborée par les faits, ou seulement une interprétation ? Tocqueville serait alors à rapprocher de Platon qui, hier, voyait la tyrannie sortir inéluctablement d'une démocratie sans frein et sans loi fixe. A-t-on affaire à deux aristocrates nostalgiques d'un temps qui, non seulement, n'est plus mais ne sera plus ? Les peuples démocratiques aiment indéniablement la liberté, note Tocqueville.

> Mais ils ont pour l'égalité une passion ardente insatiable, éternelle, invincible ; ils veulent l'égalité dans la liberté, et, s'ils ne peuvent l'obtenir, ils la veulent encore dans l'esclavage. Ils souffriront la pauvreté, l'asservissement, la barbarie, mais ils ne souffriront pas l'aristocratie [1].

L'égalité est-elle liberticide ? Ou faut-il comprendre que la liberté ne peut s'établir désormais que dans et par l'égalité ? La démocratie pourrait être vue comme un pôle inéluctable vers lequel tendront peu à peu toutes les sociétés du monde entier, une sorte de « fin de l'histoire » à l'échelle mondiale.

Tocqueville ne cache pas son amour de la liberté, que d'aucuns prendront pour un goût bien intempestif, ainsi qu'il le note dans l'Avant-Propos de l'*Ancien régime et la révolution*, mais qui est le sien depuis *La Démocratie en Amérique*. L'Avertissement de la douzième édition de l'ouvrage est on ne peut plus clair : « Suivant que nous aurons la liberté démocratique ou la tyrannie démocratique, la destinée du monde sera différente ». L'Amérique, quinze ans après l'écriture de l'ouvrage, reste pour son auteur, non un modèle à copier servi-

---

1. Tocqueville, *De la démocratie en Amérique*, II, 2ᵉ partie, chap. I, p. 96 ; éd. Furet, p. 123.

lement, mais un exemple historique et géographique privilégié pour ses principes constitutionnels : «principes d'ordre, de pondération des pouvoirs, de liberté vraie, de respect sincère et profond du droit», qui doivent être communs à toutes les Républiques démocratiques, si elles veulent durablement exister. L'Avertissement rejoint l'Introduction de 1835. Dans l'*Amérique*, Tocqueville «a vu plus que l'Amérique». Il y a cherché «l'image de la démocratie elle-même, de ses penchants, de son caractère, de ses préjugés, de ses passions», non seulement pour comprendre le passé, le présent, mais surtout pour œuvrer à l'avenir. Un dessein novateur et constructeur traverse un ouvrage «qui ne se met à la suite de personne». Comme l'*Esprit des Lois* de Montesquieu, *La Démocratie en Amérique* serait «un enfant né sans mère» –*prolem sine matre creatam*, selon le mot d'Ovide, exergue de l'ouvrage de 1748 –. Les deux penseurs ont clairement conscience de la nouveauté de leurs analyses comme de leurs prospectives.

Tocqueville aide à cerner les difficultés liées au régime de la liberté et de l'égalité. Il montre comment la démocratie, par la puissance de l'opinion qu'elle développe en son sein peut aisément se muer en despotisme, en «sommeil de la servitude», contre lequel mettait déjà en garde Montesquieu. Despotisme insidieux, par consentement, qui peut tuer peu à peu le goût pour la liberté. Car «il n'y a rien de plus dur que l'apprentissage de la liberté», et rien de plus facile que le «despotisme doux» qui endort et musèle toute initiative. Tocqueville a montré, dans sa langue propre, que le chemin vers la liberté est rude et escarpé, qu'il demande courage et vigilance pour s'y maintenir. La démocratie est alors bien plus qu'un régime politique, elle est un «état social», une mentalité, un ensemble de mœurs où rien n'est joué à l'avance et où tout dépend de la hauteur de l'exigence que l'on se fixe pour éviter de tomber dans des dérives destructrices.

« Ayons donc de l'avenir cette crainte salutaire qui fait veiller et combattre, et non cette sorte de terreur molle et oisive qui abat les cœurs et les énerve ». L'avant-dernier chapitre de *La Démocratie en Amérique* contient, dans ses mots ultimes un programme d'action éthique et politique pour lutter contre les périls que l'égalité fait courir à la liberté, pour tenir à distance les dangers du despotisme, qu'elle qu'en soit la forme. En bref, les hommes – individus et peuples – ont le choix de régresser ou de progresser, de choisir la liberté ou la servitude, les lumières ou la barbarie. Leur démocratie sera ce qu'ils en feront. Elle sera leur œuvre et à leur image : chemin de leur libération ou de leur aliénation.

TEXTES ET COMMENTAIRES

TEXTE 1

ALEXIS DE TOCQUEVILLE
De la démocratie en Amérique
tome II, partie IV, chap. VI[*]

Je pense donc que l'espèce d'oppression dont les peuples démocratiques sont menacés ne ressemblera à rien de ce qui l'a précédée dans le monde ; nos contemporains ne sauraient en trouver l'image dans leurs souvenirs. Je cherche en vain moi-même une expression qui reproduise exactement l'idée que je m'en forme et la renferme ; les anciens mots de despotisme et de tyrannie ne conviennent point. La chose est nouvelle, il faut donc tâcher de la définir, puisque je ne peux la nommer.

Je veux imaginer sous quels traits nouveaux le despotisme pourrait se produire dans le monde : je vois une foule innombrable d'hommes semblables et égaux qui tournent sans repos sur eux-mêmes pour se procurer de petits et vulgaires plaisirs, dont ils remplissent leur âme. Chacun d'eux, retiré à l'écart, est comme étranger à la destinée de tous les autres : ses enfants et ses amis particuliers forment pour lui toute l'espèce humaine ; quant au demeurant de ses concitoyens, il est à côté d'eux, mais il ne les voit pas ; il les touche et ne les sent point ; il

*E. Nolla (éd.), Paris, Vrin, 1990, p. 265-268 ; F. Furet (éd.), Paris, GF-Flammarion, 1981, p. 385-386.

n'existe qu'en lui-même et pour lui seul, et, s'il lui reste encore une famille, on peut dire du moins qu'il n'a plus de patrie.

Au-dessus de ceux-là s'élève un pouvoir immense et tutélaire, qui se charge seul d'assurer leur jouissance et de veiller sur leur sort. Il est absolu, détaillé, régulier, prévoyant et doux. Il ressemblerait à la puissance paternelle si, comme elle, il avait pour objet de préparer les hommes à l'âge viril ; mais il ne cherche, au contraire, qu'à les fixer irrévocablement dans l'enfance ; il aime que les citoyens se réjouissent, pourvu qu'ils ne songent qu'à se réjouir. Il travaille volontiers à leur bonheur ; mais il veut en être l'unique agent et le seul arbitre ; il pourvoit à leur sécurité, prévoit et assure leurs besoins, facilite leurs plaisirs, conduit leurs principales affaires, dirige leur industrie, règle leurs successions, divise leurs héritages ; que ne peut-il leur ôter entièrement le trouble de penser et la peine de vivre ?

C'est ainsi que tous les jours il rend moins utile et plus rare l'emploi du libre arbitre ; qu'il renferme l'action de la volonté dans un plus petit espace, et dérobe peu à peu chaque citoyen jusqu'à l'usage de lui-même. L'égalité a préparé les hommes à toutes ces choses : elle les a disposés à les souffrir et souvent même à les regarder comme un bienfait.

Après avoir pris ainsi tour à tour dans ses puissantes mains chaque individu et l'avoir pétri à sa guise, le souverain étend ses bras sur la société tout entière ; il en couvre la surface d'un réseau de petites règles compliquées, minutieuses et uniformes, à travers lesquelles les esprits les plus originaux et les âmes les plus vigoureuses ne sauraient se faire jour pour dépasser la foule ; il ne brise pas les volontés, mais il les amollit, les plie et les dirige ; il force rarement d'agir, mais il s'oppose sans cesse à ce qu'on agisse ; il ne détruit point, il empêche de naître ; il ne tyrannise point, il gêne, il comprime, il énerve, il éteint, il hébète, et il réduit enfin chaque nation à n'être plus qu'un troupeau d'animaux timides et industrieux, dont le gouvernement est le berger.

J'ai toujours cru que cette sorte de servitude, réglée, douce et paisible, dont je viens de faire le tableau, pourrait se combiner mieux qu'on ne l'imagine avec quelques-unes des formes extérieures de la liberté, et qu'il ne lui serait pas impossible de s'établir à l'ombre même de la souveraineté du peuple.

Nos contemporains sont incessamment travaillés par deux passions ennemies : ils sentent le besoin d'être conduits et l'envie de rester libres. Ne pouvant détruire ni l'un ni l'autre de ces instincts contraires, ils s'efforcent de les satisfaire à la fois tous les deux. Ils imaginent un pouvoir unique, tutélaire, tout-puissant, mais élu par les citoyens. Ils combinent la centralisation et la souveraineté du peuple. Cela leur donne quelque relâche. Ils se consolent d'être en tutelle, en songeant qu'ils ont eux-mêmes choisi leurs tuteurs. Chaque individu souffre qu'on l'attache, parce qu'il voit que ce n'est pas un homme ni une classe, mais le peuple lui-même, qui tient le bout de la chaîne.

Dans ce système, les citoyens sortent un moment de la dépendance pour indiquer leur maître, et y rentrent.

COMMENTAIRE

QUEL AVENIR POUR LA DÉMOCRATIE ?

« Le despotisme, dangereux dans tous les temps,
est particulièrement à craindre dans les siècles démocratiques »[1].

« Ce qu'il est important de combattre, c'est moins l'anarchie ou
le despotisme que l'apathie, qui peut créer presque
indifféremment l'un ou l'autre »[2].

Il importe essentiellement à Tocqueville de mettre au jour les traits d'un despotisme « nouveau », irréductible à toutes les formes léguées jusqu'à ce jour par l'histoire. Proche de Benjamin Constant, sur bien des points, l'auteur de *La Démocratie en Amérique* se méfie d'un peuple souverain qui élit son despote au prétexte qu'il n'est ni un homme, ni une classe, mais le peuple lui-même. On peut voir dans le texte proposé une critique sévère du *Contrat Social* de Jean-Jacques Rousseau, interprété comme donnant naissance au régime de l'égalité des conditions comme à la conception de l'État moderne, absolu, sans contrepoids, émanant de la volonté générale indivisible et souveraine. Tocqueville va plus loin que Constant dans la voie ouverte par ce dernier. Il cherche à

1. Tocqueville, *De la démocratie en Amérique*, II, p. 131 (éd. Furet).
2. *Ibid.*, II, Note I, p. 407 (éd. Furet), ajoutée par l'auteur au dernier paragraphe du chap. VI (conclusion du texte donné ci-dessus), p. 388 (éd. Furet).

caractériser avec précision ce nouveau « despotisme administratif », politique et « moral », qui « amollit » et annihile les
volontés, les « plie et les dirige », tant il les uniformise. La
démocratie énerve-t-elle ainsi les énergies – au sens de ôter
le nerf – au point de les niveler, puis de les anéantir ? N'est-elle
que cela ?

Le sociologue-prophète

Mais qui est donc Tocqueville ? Pourquoi son analyse de la
démocratie américaine, publiée en deux temps, en 1835 pour
le premier tome, en 1840 pour le second, comme celle de
L'Ancien régime et la Révolution, publiée en 1856, trois ans
avant sa mort en 1859, peut-elle, aujourd'hui encore, nous
éclairer et nous aider à mieux comprendre les mutations radicales ou progressives qui émaillent, façonnent et interrogent
notre modernité ?

L'œuvre appartient à la moitié du XIXᵉ siècle, époque dont
on pourrait penser ou croire à tort que plus rien, aujourd'hui, ne
subsiste, tant l'ordre social, économique, politique même, a
connu de profonds bouleversements. Et pourtant Tocqueville
a légué à la postérité une vision des choses très en avance sur
son temps : le rôle essentiel joué par la montée irréversible
du phénomène démocratique, la constitution d'une opinion
publique liée à l'expansion d'un modèle politique dominant et
appelé à devenir de plus en plus prégnant sur toute la surface de
la planète, en raison de la mondialisation et de la médiati-
sation. De plus, il ne s'est pas mépris sur les conséquences de
l'expansion économique, engendrant une paupérisation crois-
sante, il a sensibilisé les esprits aux changements de mœurs
liés à l'évolution démocratique. Il a mis de surcroît l'accent sur
un de ses paradoxes : au cœur d'un système qui a pour axe
fondateur la liberté, s'instaure une servitude nouvelle liée à un
État de plus en plus présent dans toutes les structures de la

société, muselant les initiatives et leur substituant une domination administrative, bureaucratique, de type « despotique »[1].

La « concentration des pouvoirs » habite de plus en plus le régime de l'égalité. Elle fait disparaître les pouvoirs secondaires, uniformise tout, l'éducation comme la « charité » (on dirait aujourd'hui la « solidarité »). Les souverains des nations démocratiques et chrétiennes d'Europe, et particulièrement la France, donnent à voir une « administration publique non seulement plus centralisée mais plus inquisitive et plus détaillée » que celle des rois d'autrefois. Tocqueville met en garde contre les effets pernicieux de la centralisation extrême et espère en la force des associations pour la contrer et tenir lieu de contre-poids salutaires. « Il n'y a que par l'association que la résistance des citoyens au pouvoir central puisse se produire »[2]. En constance, par l'auteur, deux tendances contraires sont examinées, qui font le propre des « nations turbulentes », dont la France : la tendance révolutionnaire qui, détruisant les anciens pouvoirs, est animée par l'esprit d'indépendance et, quand « la victoire de l'égalité » aboutit, « l'instinct centralisateur » se renforce et substitue à « la chaleur » de l'élan précédent une froideur centralisatrice et « despotique », annihilant peu à peu la liberté, du moins la rendant secondaire. Le coup d'État du 2 décembre 1851 par Louis-Napoléon Bonaparte, par exemple, ainsi que l'Empire centralisateur qui s'en est suivi peut, à plus d'un titre, confirmer la justesse de ces analyses et donner chair à la prédiction de la Seconde Démocratie, de 1840.

En France, Tocqueville n'a peut-être pas été reconnu à sa juste valeur. Les pays anglo-saxons le considèrent comme un des grands maîtres de la pensée politique – l'égal de Montesquieu au XVIIIᵉ siècle –. Raymond Aron, dans les années 1960-1970, a voulu réparer cette injustice en lui consa-

---

1. Tocqueville, *De la démocratie en Amérique*, II, 4ᵉ partie, chap. V, p. 252-263 ; éd. Furet, p. 369-381, sur le pouvoir souverain.

2. *Ibid.*, II, 4ᵉ partie, chap. V, p. 260 ; éd. Furet, p. 378.

crant une attention particulière dans *Les étapes de la pensée sociologique*. Il le place aux côtés de Montesquieu, de Comte et de Marx, en qui il salue les fondateurs de la sociologie. Il voit en Tocqueville un inspirateur indéniable de la pensée sociologique et le situe délibérément, sur de nombreux points, dans la prolongation, au XIXᵉ siècle, de l'œuvre de Montesquieu. Aron confronte les visions de la société élaborées par les quatre fondateurs de la sociologie. Il lui semble que le dernier, Tocqueville, est le plus propre à comprendre la société européenne des années 60, tandis que la société européenne des années 30 prêtait davantage aux analyses de Marx. Reconnaissance, réelle d'une «modernité» prophétique de Tocqueville, qui débordait d'un siècle au moins son époque.

François Furet ne le dément pas, lorsqu'il préface en 1981 *De la démocratie en Amérique*. Il démontre la supériorité de Tocqueville sur Marx en matière «de véracité prospective» et rend hommage à «la valeur prédictive»[1] de son œuvre. Le monde dans lequel nous vivons est plus proche des analyses de l'aristocrate français du XIXᵉ siècle que du socialiste allemand. Le socle du système tocquevillien n'est pas intellectuellement construit mais s'appuie sur une évidence empirique élaborée ensuite de façon abstraite : le constat du progrès irréversible de l'égalité, égalité que l'aristocrate ne peut intérioriser comme valeur, en raison de ses origines sociales, mais qu'il voit à l'œuvre partout et depuis longtemps, dans son milieu même. Elle est un fait devenu spécifique des temps modernes, un principe, une norme, autant qu'une passion incoercible ouvrant à des mœurs radicalement nouvelles. De plus, la question du fondement social, de la détermination causale, ne hante pas le sociologue français et si Marx voit la liberté dans la suppression de la plus-value, Tocqueville la situe dans la gestion intelligente de la croyance égalitaire, note F. Furet. L'originalité de l'analyse tocquevillienne vient sans conteste de son

---

1. Tocqueville, *De la démocratie en Amérique*, I, Préface, p. 42 (éd. Furet).

appartenance à deux mondes, l'ancien et le nouveau, l'aristocratique et le démocratique. La Révolution française en signe
le passage. Elle sera continuée et présente d'autres façons de
1805 à 1859, dates de la naissance et de la mort du sociologue
français.

D'autres, comme G. Burdeau ou, aujourd'hui,
J.L. Benoist[1], voient en lui, non seulement un sociologue, mais
aussi un moraliste politique à ranger auprès de Montesquieu,
ou même de Pascal, sans oublier le prophète et l'historien qu'il
est souvent conjointement. Tocqueville a le sentiment fort
d'être le témoin et l'analyste d'un monde nouveau, de dire des
choses nouvelles, de désigner un « état social » inédit, inconnu
des Anciens. Les mots lui semblent impropres pour cerner adéquatement ces radicales mutations, défaillants ou à inventer,
car en changer le sens ne suffit pas. Comment parler de la
démocratie et de son corollaire, le despotisme, décliné selon de
multiples et nouvelles acceptions ?

Nouveauté des mots, nouveauté de « l'état social »

Comme tous les analystes novateurs, Tocqueville
s'emploie à travailler la justesse, la précision du vocable, l'adéquation du fait à sa traduction conceptuelle. Montesquieu, au
XVIIIᵉ siècle, est de ceux qui ont contribué grandement, à partir
de 1721 – date de publication des *Lettres persanes* –, à conférer au terme « despotisme » un sens nouveau. La *Lettre* 102
montre la mutation de sens. Le mot ne renvoie plus, comme
son étymologie l'indique, à la sphère domestique – le *despotès*,
chef de famille, dans la cité grecque – mais à la sphère politique. Il désigne l'horizon de nombre des monarchies d'Europe
qui dégénèrent malheureusement « en despotisme ou en république ». Le despotisme désigne dorénavant un pouvoir arbitraire, sans lois, régi par le caprice, changeant comme le désir
d'un seul sait changer, inspirant la crainte, sinon la terreur :

---

1. J.-L. Benoît, *Tocqueville moraliste*, Paris, Champion, 2004.

régime corrompu par nature, dira l'*Esprit des Lois*, dans une langue plus technique, « monstrueux », antithèse radicale des régimes « modérés », dirigés par la loi, la mesure et l'équilibre de la distribution des pouvoirs, la représentativité populaire etc. Il incarne le pôle de ce qu'il faut à tout prix éviter et sert à Montesquieu d'antitype fécond pour l'évaluation des « bons » régimes que sont la monarchie constitutionnelle et la république aristocratique ou démocratique. L'influence du penseur du XVIIIe est indéniable sur l'auteur de *La Démocratie en Amérique*, même si elle n'est pas la seule.

Mais à Tocqueville, le mot despotisme, qui caractérise désormais une pente avérée de la démocratie – et non plus de la monarchie – ne suffit plus tout à fait. Cette espèce d'oppression nouvelle qu'elle risque d'engendrer et de propager aura indéniablement un aspect « plus doux », plus insidieux, plus dangereux, que celle donnée à voir par l'histoire des temps anciens, par exemple, celle de l'empire romain. Elle s'étendra à des populations plus nombreuses et ne sera plus exclusive de la loi, comme le pensait Montesquieu. Le despotisme mérite une nouvelle caractérisation, pour le distinguer du passé et marquer la nouveauté de sa nature, si le mot demeure. La tyrannie des empereurs de Rome, note Tocqueville, « ne s'étendait pas sur un grand nombre… elle était violente et restreinte ».

Celle des nations démocratiques, par son extension même, par le souverain tutélaire, tout puissant – mais issu du peuple par l'élection – qui les incarne et les dirige, « dégraderait les hommes sans les tourmenter » ! Centralisation du pouvoir et souveraineté du peuple formeraient une combinatoire inédite, non contradictoire, qui petit à petit rendrait nul et sans utilité aucune « l'emploi du libre arbitre ». Se forgerait alors un « despotisme doux », insidieux, sans visage, anonyme, administratif, prévoyant et prévenant, aliénant et sécurisant à la fois, pas encore un totalitarisme ! Le conditionnel de la prophétie masque mal l'adhésion plénière de l'auteur à sa thèse : un

« despotisme légal »[1] est en train de se constituer et constituera sans doute l'essentiel du processus démocratique à venir. La « tyrannie de la majorité », observée aux États-Unis, atteste une « toute-puissance », un « empire » que redoute Tocqueville, notamment, pour la France dont il ne cesse de peindre et d'analyser les tendances révolutionnaires, de mettre au jour une inclination naturelle à l'agitation et à la violence, doublée d'une autre quand la première décline, celle de l'apathie, de l'indifférence générale pour la chose publique qui la rend « prête à recevoir un maître », un despote »[2]. Les événements de l'histoire nationale de 1789 à sa mort en 1859 confirment, de façon récurrente, le propos prédictif, en partie.

La révolution « qui renverse l'aristocratie »[3] grandit aussi l'ambition des hommes et peut dès lors engendrer et nourrir le despotisme – sous sa forme impériale, par exemple – ; la liberté peut engendrer la privation de liberté, le « Tout-État » museler peu à peu l'individu au point de lui ôter toute initiative, en lui laissant l'illusion d'en avoir. La France révolutionnaire a conduit à l'empire napoléonien, la révolution de juillet 1830 au retour de la monarchie et celle de février 1848, qui a instauré la seconde république, n'empêchera pas, mais concourera à l'avénement du Second Empire de Louis-Napoléon Bonaparte. Lecture dialectique et continuiste à la fois de l'histoire nationale ! Ce qui pourrait s'appeler révolution démocratique entraîne le despotisme.

Avec lucidité, Tocqueville met en garde contre cette dérive démocratique et forge des mots ou des adjectifs qui en renforcent le poids. Il substitue par exemple, à la notion

1. Tocqueville, *De la démocratie en Amérique*, I, 2e partie, chap. VII, p. 199 ; éd. Furet, p. 352.

2. Tocqueville, *L'ancien Régime et la Révolution*, Paris, GF-Flammarion, 1988. Voir *Fragments sur la Révolution, Deux chapitres sur le Directoire*, p. 375-398.

3. Tocqueville, *De la démocratie en Amérique*, II, 3e partie, chap. XIX, p. 203 ; éd. Furet, p. 299.

d'«esprit des peuples» ou «esprit des nations», chères au Montesquieu de l'*Esprit des Lois*, celle d'état social, pour caractériser la démocratie et ce qui en découle. «Pour connaître la législation et les mœurs d'un peuple, il faut donc commencer par étudier son état social»[1]. L'état social démocratique détient alors une connotation politique et économique. Il renvoie à une société d'économie marchande, de production industrielle, dans laquelle les conditions s'égalisent. Phénomène nouveau, que les Anciens, dans leur fondation démocratique même, ne pouvaient pas connaître et pour lequel ils ne pouvaient avoir de mot. Partisan de la «coupure» entre le monde ancien et le monde moderne, les démocraties de l'Antiquité ne sont tout au plus, pour Tocqueville, que des républiques aristocratiques avec lesquelles l'Amérique et l'Europe du XIXe siècle, par exemple, la France, n'ont plus rien à voir. Elles n'ont en commun que le nom[2].

Le penseur moderne met en garde.

> Les monarchies absolues avaient déshonoré le despotisme; prenons garde que les républiques démocratiques ne le réhabilitent, et qu'en le rendant plus lourd pour quelques-uns, elles ne lui ôtent, aux yeux du plus grand nombre, son aspect odieux et avilissant[3].

Les républiques démocratiques tyrannisent l'âme et en cela réside leur plus grand danger. La Première Démocratie, se penchant sur «l'omnipotence de la majorité aux États-Unis et (sur) ses effets», met au jour un problème spécifique à la modernité démocratique que la seconde posera avec plus d'acuité encore, cinq ans plus tard en dénonçant «l'uniformité universelle»[4], qui menace le nouveau monde mental, moral et

---

1. Tocqueville, *De la démocratie en Amérique*, I, 1re partie, chap. III, p. 37-45, et Introduction; éd. Furet, p. 107-116 et Introduction.
2. *Ibid.*, II, 3e partie, chap. XV, p. 187; éd. Furet, p. 274.
3. *Ibid.*, I, 2e partie, chap. VII, p. 200; éd. Furet, p. 354.
4. *Ibid.*, II, 4e partie, chap. VIII, p. 280; éd. Furet, p. 400.

politique. Parfois, Tocqueville en viendra même à «regretter le monde qui n'est plus». Le monde aristocratique, plus communautaire, hiérarchisé, lié par des traditions et des mœurs séculaires, a laissé place à un monde individualiste et égalitaire tout à la fois, atomisé et uniforme dans les mœurs et l'opinion, épris exclusivement du présent, recherchant bien-être et jouissances matérielles, «petits et grossiers plaisirs»[1].

La culture excessive de la «tranquillité» comme celle de «la médiocrité des désirs» inquiète l'auteur de la Seconde Démocratie qui lègue à la postérité des pages aux accents pré-nietzschéens. Qui ne reconnaîtrait, en effet, dans l'expression de ces craintes, la peinture du «dernier homme», figure de l'assoupissement et de la décadence, antithèse du surhomme, figure de la création libre, exposée par Nietzsche dans le Prologue de *Ainsi parlait Zarathoustra*, en 1883? Mêmes accents tragiques, lucides, désireux de réveiller les esprits assoupis, en train de sombrer, sans s'en rendre compte, dans les travers d'une servitude douce et tranquille, sans éclat et sans gloire, d'un nivellement des conditions et des intelligences. L'exercice de la pensée, du libre jugement semble à Tocqueville de plus en plus menacé.

> Les principales opinions des hommes deviennent semblables à mesure que les conditions se ressemblent. Tel me paraît être le fait général et permanent; le reste est fortuit et passager[2].

Avant H. Arendt[3], Tocqueville sait l'importance du choix judicieux des termes pour désigner la nouveauté d'un phéno-

---

1. Tocqueville, *De la démocratie en Amérique*, II, 3e partie, chap. XIX, p. 207; éd. Furet, p. 303-304.

2. *Ibid.*, II, 3e partie, chap. XXI, p. 216; éd. Furet, p. 319. Voir le chapitre en entier.

3. H. Arendt, *Le système totalitaire*, trad. fr. J.L. Bourget, R. Davreu, P. Lévy, «Points», Paris, Seuil, 1972, chap. IV, «Idéologie et terreur, un nouveau type de régime». Voir p. 204-205, 211, 213, 215, 226, 228.

mène et épouser avec justesse ses contours, ses manifestations et sa réalité. N'ayant pas de mot parfaitement ajusté, il dessine la chose par des traits « imaginés », anticipés. Il stigmatise les dérives possibles d'une démocratie engendrant de nouveaux types de sujétion qu'il convient de sérier pour mieux parer à leur emprise. La définition se fait peinture, dessin aux traits appuyés, désireux de rendre forte et parlante, la vision prédictive. Même si « les termes de comparaison manquent », – comme le souligne déjà l'Introduction de la première *Démocratie en Amérique*, – pour dire adéquatement le régime du développement graduel de l'égalité – Tocqueville propose de brosser le « tableau » d'une nouvelle servitude, qui risque de devenir peu à peu le lot de tous, individus, peuples ou États modernes.

La marche vers l'égalité et le principe de l'égalité des conditions – et non des fortunes – désigne une norme, un objectif quasi insaisissable, fuyant et instable, comme le désir.

> Chez les peuples démocratiques, les hommes obtiendront aisément une certaine égalité; ils ne sauraient atteindre celle qu'ils désirent. Celle-ci recule sans cesse devant eux, mais sans jamais se dérober à leurs regards, et, en se retirant, elle les attire à sa poursuite. Sans cesse, ils croient qu'ils vont la saisir, et elle échappe sans cesse à leurs étreintes [1].

L'égalité appartient tantôt à la sphère du réel qui en montre les manifestations ou les tendances insatisfaites, par définition, tantôt à celle de la norme, tantôt à celle de la passion. Matière du désir, elle est un pôle d'agitation sociale toujours renaissant, de quête jamais assouvie. Valeur, elle n'est pas réalisable. Et pourtant, les peuples aiment « d'un amour éternel » l'égalité. Elle est « une passion mâle et légitime qui excite les

---

1. Tocqueville, *De la démocratie en Amérique*, II, 2ᵉ partie, chap. XIII, p. 125; éd. Furet, p. 174.

hommes à vouloir être tous forts et estimés », notait déjà la Première Démocratie [1].

La multivocité de l'approche et du langage, au lieu d'affaiblir l'analyse, la renforce ; elle traduit la multitude des enjeux inhérents au processus démocratique. Dans la *Seconde Démocratie*, souvent, l'imagination constructrice d'hypothèses érigées à partir d'une lecture de l'histoire lointaine ou proche, ou d'une anticipation de l'avenir, ou encore d'une observation attentive du présent, supplée à la carence des mots. L'égalité des conditions est « le fait particulier et dominant qui singularise ces siècles » ; l'amour de l'égalité est « la passion principale » qui agite les hommes de ces temps-là ; l'égalité est le « caractère distinctif » [2] de la modernité. Elle peut être préférée, on l'a vu, à la liberté. L'appréhension répétée de ce trait essentiel fonde deux modernités : celle du sujet interprétant, celle de l'objet interprété. Outre l'objet, la méthode employée, la déduction aux longues chaînes, patiemment construite, inlassablement reprise, implique « d'inventer une science politique nouvelle à un monde tout nouveau ». La *Démocratie en Amérique*, en ses deux versants, répond à ce dessein épistémologique, doublé d'un impératif éthique et politique.

> Instruire la démocratie, ranimer s'il se peut ses croyances, purifier ses mœurs, régler ses mouvements, substituer peu à peu la science des affaires à son inexpérience, la connaissance de ses vrais intérêts à ses aveugles instincts ; adapter son gouvernement aux temps et aux hommes ; le modifier suivant les circonstances et les hommes : tel est le premier devoir imposé de nos jours à ceux qui gouvernent la société.

1. Tocqueville, *De la démocratie en Amérique*, I, 1 re partie, chap. III, p. 44 ; éd. Furet, p. 115. Voir aussi p. 42-43 ; éd. Furet, p. 112-113, l'égalité impliquant aux États-Unis la mobilité des fortunes, la circulation de l'argent, la distribution de l'aisance, l'uniformisation des niveaux d'instruction.

2. *Ibid.*, II, 2 e partie, chap. I, p. 94 ; éd. Furet, p. 120.

Le sociologue-prophète se fait moraliste, pédagogue, soucieux d'une éducation en profondeur, non en surface. Il veut instruire, appeler l'attention des gouvernants, comme des gouvernés, sur les dangers inhérents à ce qui, traditionnellement, était défini comme le régime de l'égalité et de la liberté, mais qui tend, depuis des siècles, à favoriser l'expression de la première au détriment de la seconde.

Mais la démocratie se résume-t-elle à ce portrait noir que le sociologue, à la fin de la Seconde Démocratie, aurait associé à son nom pour la postérité? Les raisons d'être du « tableau » méritent d'être cernées, regroupées, soumises à examen. Comprendre Tocqueville ne peut qu'amener à un éclairage plus lucide sur ce que la démocratie porte en son sein de bénéfique ou de nocif. Le régime de l'égalisation des conditions s'est forgé originairement comme lutte contre l'oppression, contre le despotisme ou la tyrannie politiques, aspiration à la libération des individus, des peuples et des États. La démocratisation des mœurs, conjointe au développement de la société industrielle, œuvre-t-elle, vraiment, à une nouvelle servitude, plus insidieuse, parce que consentie et non proprement subie? À en démasquer les risques, Tocqueville a travaillé. Il importe d'en suivre les raisons, les moments et les arguments.

Noblesse et « esprit du temps »

En 1830, Alexis de Tocqueville, âgé de vingt-cinq ans, prête serment à contrecœur à Louis-Philippe. La loi du 31 août 1830 l'y engage fortement. Il s'exécute sans joie, même à regret, mais aussi sans dramatisation. Ce serment atteste bien plutôt sa résignation à un changement inexorable de situation, auquel l'a fortement sensibilisé ses parents : sa mère, petite-fille de Malesherbes, défenseur de Louis XVI et guillotiné le 21 avril 1794, et son père, Hervé de Tocqueville, emprisonnés sous la Terreur, sauvés de l'échafaud par le 9 Thermidor, c'est-à-dire la chute de Robespierre et la fin de la Terreur. La très ancienne noblesse normande – noblesse féodale pour son père, noblesse de robe pour sa mère – à laquelle il appartient et dont on peut suivre la généalogie jusqu'aux XIe-XIIe siècles, doit, pour survivre, prendre en compte « l'esprit du temps », sans fuir les problèmes ni les changements de mentalité, d'attitude, de comportements, que cela suscite et implique. La Révolution de 1789 – symptôme de ce lent processus d'égalisation des conditions – a engagé le devenir de la France dans une voie irréversible, tant pour les nobles que pour le peuple.

L'héritage familial de Tocqueville le place très tôt devant le problème qui deviendra, pour lui, un objet d'étude et de réflexion dominant, voire constant : noblesse et démocratie peuvent-elles s'allier et comment ? Sont-elles compatibles et à quelles conditions ? La noblesse peut-elle véritablement, durablement, s'adapter à « l'esprit du temps », ou, pour reprendre le vocabulaire d'Hervé de Tocqueville, à la démocratie ? Si elle n'y parvient pas, elle connaîtra une mort certaine. La Restauration – la première comme la seconde –, après le Consulat, puis l'Empire napoléonien, a tout fait pour lutter contre « l'esprit du temps » et, au terme, a connu les journées révolutionnaires de juillet 1830. L'alliance retrouvée du roi et de la noblesse s'est soldée par un échec, qui ne laisse pas indifférent Alexis de Tocqueville. Il en tire une certitude : ce ne sont pas les rapports de la monarchie et de la noblesse qui importent maintenant, mais bien ceux du « peuple » et de la noblesse.

Son père exerce, dans les années 1815-1830, les fonctions de préfet, de Moselle, d'abord, de Versailles, ensuite. Après des études de droit, Alexis de Tocqueville, est nommé en 1827 juge-auditeur au tribunal de Versailles. Il se lie alors d'amitié à l'un des substituts du tribunal, Gustave de Beaumont. Depuis 1828, sous le règne de Charles X, il dénonce les fautes politiques du roi et du gouvernement Polignac et n'est pas surpris de son renversement. Il assiste à la révolution de juillet 1830. Sans doute a-t-il espéré secrètement – là encore influencé par son père, héritier fidèle des idées de Montesquieu – en une monarchie consitutionnelle, protectrice des libertés, régulée par une distribution équilibrée des pouvoirs, mais il doit se rendre peu à peu à l'évidence. Ce régime n'est pas possible dans la France de 1830. Il est certain désormais que la royauté légitimiste des Bourbons est sortie définitivement de l'histoire. Sur la pression de ses parents [1] et de Beaumont, il prête serment au nouveau roi, issu de la famille d'Orléans, Louis Philippe. Il n'attend pas grand chose de la monarchie bourgeoise. Il luttera même contre elle, dans l'opposition « libérale ».

L'Ancien régime et la Révolution, en 1856, livre plus explicitement les positions de Tocqueville relatives à la noblesse et ses rapports, difficiles et ambigus, souvent, avec « l'esprit du temps ». L'analyse fine et détaillée, comme la critique sans concession qu'il fera de ce corps auquel, par naissance il appartient, montre une volonté constante de comprendre comment la démocratie a pu s'établir sur les ruines de ce qui lui a donné naissance. Car, dès la fin du XVIIIe siècle, la noblesse « ne présentait plus qu'une ombre d'elle-même » [2].

Depuis plusieurs siècles, en effet, elle avait œuvré à son lent démantèlement, à sa lente dénaturation. Elle s'était fait haïr peu à peu du peuple, en gardant « de l'inégalité ce qui blesse et non ce qui sert » [3]. Elle avait usé et abusé du pouvoir depuis trop longtemps et même si, au XVIIIe, elle s'est considérablement appauvrie et amoindrie, elle payait pour les injustices du passé et leurs survivances du présent. Une autre classe se formait, qui allait peu à peu la perdre « en s'élevant sur ses

1. Alexis de Tocqueville, *Textes essentiels*, « Agora », Paris, Pocket, 2000, Anthologie critique présentée par J.-L. Benoît, p. 11. Voir la présentation biographique, p. 9-17. Voir aussi A. Jardin, *Alexis de Tocqueville*, « Pluriel », Paris, Hachette, 1984.

2. Tocqueville, *L'Ancien Régime et la Révolution. Etat social et politique de la France, avant et après 1789*, I, p. 50.

3. *Ibid.*, p. 53.

débris » : le Tiers-État, formé de ceux qui n'appartenaient ni au clergé ni à la noblesse. En France,

> le Tiers-État et la noblesse étaient entremêlés sur le même sol ; mais il s'y formait comme deux nations distinctes qui, vivant sous les mêmes lois, restaient cependant étrangères l'une à l'autre. De ces deux peuples l'un renouvellait sans cesse ses forces et en acquérait de nouvelles, l'autre perdait tous les jours et ne regagnait rien [1].

Jeunesse, dynamisme, activité d'une classe, vieillissement, mort programmée d'une autre. Tocqueville sait que les aristocraties sont mortes non d'avoir fondé l'inégalité sur la terre, mais « parce qu'elles prétendaient la maintenir éternellement en faveur de certains individus et au détriment de certains autres. C'est une espèce d'inégalité plutôt que l'inégalité en général que haïssent les hommes ».

L'inégalité était chaque jour la cible d'attaques de plus en plus violentes et virulentes de la part du peuple, mais, en son sein, même, la noblesse se battait aussi pour une certaine égalité : « le noble d'épée accusait de morgue le noble de robe... le noble de cour aimait à railler sur leurs petits droits seigneuriaux les nobles de village qui, à leur tour, s'irritaient de la faveur dont jouissait le courtisan. Le gentilhomme d'ancienne noblesse méprisait l'ennobli » [2] etc. Les mœurs devenaient lentement et insidieusement « démocratiques » aux deux pôles extrêmes de la vie sociale, même si le pouvoir demeurait, dans les faits, aristocratique.

En avril 1831, Tocqueville n'hésite pas. Il prend la décision de s'expatrier pour découvrir une autre terre, un autre milieu géographique, une autre contrée mentale, sociale, un pays moins sujet aux révolutions que la France ! Il choisit l'Amérique après avoir obtenu du Ministère de l'Intérieur, une

---

1. Tocqueville, *L'Ancien Régime et la Révolution. Etat social et politique de la France, avant et après 1789*, I, p. 59.

2. *Ibid.*, p. 61.

mission pour étudier le système pénitentiaire américain, en compagnie de son ami Gustave de Beaumont. Dans un des chapitres les plus célèbres de la première Démocratie – chapitre de clôture sur « l'état actuel et l'avenir probable des trois races qui habitent le territoire des États-Unis » –, l'auteur laisse à la postérité des pages inoubliables où se mêlent les trois dimensions du temps, le présent, le passé et l'avenir. La destruction programmée des Indiens d'Amérique du Nord lui sert de paradigme à la disparition de la noblesse féodale en France.

L'Indien d'Amérique du Nord et le noble européen

Conscient de la marche inexorable vers l'égalité qui tisse la modernité démocratique, Tocqueville s'arrête longuement sur le sort tragique des races indiennes et sur celui de la race noire. Il constate les « maux affreux » dont furent victimes Indiens et Noirs – ils le sont encore en 1831 –. Il examine, sans concession pour la terre qu'il découvre et qu'il admire, par ailleurs, les raisons du processus d'élimination et d'asservissement qui s'opère au nom de « la civilisation », contre les « barbares ». Les Indiens lui apparaissent comme une étrange survivance, sur le sol du nouveau Monde, des « idées féodales »[1].

On sait que pour Tocqueville, comme pour Montesquieu, la noblesse féodale est d'origine germanique, liée à la constitution de l'empire franc. Elle date du IXe siècle, quand Charles le Chauve, roi de France, proclama l'hérédité des charges et des bénéfices – ou fiefs (feodus) – au Capitulaire de Kiersy-sur-Oise en 877. La classe des « seigneurs » ou des nobles, à partir de cette période, détenait le droit de bâtir des châteaux-forts pour se protéger des envahisseurs, de battre monnaie, de lever les impôts et de rendre la justice. La propriété foncière

---

1. Tocqueville, *De la démocratie en Amérique*, I, 2e partie, chap. X, p. 254 ; éd. Furet, p. 441. Le dernier chapitre et le premier – sur la configuration extérieure de l'Amérique du Nord – sont à voir *in extenso*.

allait devenir la source principale de la considération et du pouvoir, comme le démantèlement de celle-ci allait devenir le signe tangible de la fin d'un monde, ainsi que Tocqueville le développe longuement dans *l'État social et politique de la France avant 1789* et dans *l'Ancien Régime et la Révolution*.

> Lorsque j'aperçois la ressemblance qui existe entre les institutions politiques de nos pères, les Germains, et celles des tribus errantes de l'Amérique du nord, entre les coutumes retracées par Tacite, et celles dont j'ai pu quelquefois être le témoin, je ne saurais m'empêcher de penser que la même cause a produit, dans les deux hémisphères, les mêmes effets, et qu'au milieu de la diversité apparente des choses huamines, il n'est pas impossible de retrouver un petit nombre de faits générateurs dont les autres découlent. Dans tout ce que nous nommons les institutions germaines, je suis donc tenté de ne voir que des habitudes de barbares, et des opinions de sauvages dans ce que nous appelons les idées féodales.

L'Indien, au milieu des forêts, nourrit, assure Tocqueville, les mêmes idées, les mêmes opinions, les mêmes valeurs, que le noble du Moyen-Âge dans son château fort[1].

Les plus anciens préjugés de l'Europe se retrouvent curieusement dans les forêts du nouveau monde. Peuple vestige, mais qui va connaître le même sort que la vieille noblesse française ou européenne. « Race condamnée à périr » si elle ne choisit pas « la civilisation », c'est-à-dire les mœurs et les traditions des Européens. De chasseurs qu'ils étaient, il faut rendre les Indiens cultivateurs, les fixer sur un sol, changer leurs traditions, leurs mœurs. De libres qu'ils étaient, il faut les assujettir à d'autres manières de faire, de vivre. Le travail, par exemple, est un déshonneur et un mal pour les Indiens, mais la guerre un bien. L'indépendance est leur lot, non « la position servile » que leur offre la société civilisée. Peuple qui place

---

1. Tocqueville, *De la démocratie en Amérique* I, 2ᵉ partie, chap. X, p. 254 ; éd. Furet, p. 440 et 441.

très haut « l'idée de sa valeur individuelle » comme le noble européen d'autrefois et qui va connaître un sort aussi tragique de mort programmée.

Tableau de maux irrémédiables dressé par Tocqueville :

> s'ils restent sauvages, on les pousse devant soi en marchant ; s'ils veulent se civiliser, le contact d'hommes plus civilisés qu'eux les livre à l'oppression et à la misère. S'ils continuent à errer de déserts en déserts, ils périssent ; s'ils entreprennent de se fixer, ils périssent encore. Ils ne peuvent s'éclairer qu'à l'aide des Européens, et l'approche des Européens les déprave et les repousse vers la barbarie [1].

Cercle décidément fatal ! Les Espagnols sont pris violemment à parti pour leur destruction meurtrière de la race indienne. Les Américains des États-Unis ont « détruit les hommes en respectant mieux les lois de l'humanité », en ne violant pas les principes de leur morale, « tranquillement, légalement, philanthropiquement » ! Il en est décidément des races sacrifiées comme des corps sociaux détruits par la révolution, lente, progressive et irrémédiable, des lois et des mœurs.

Les leçons de l'Amérique

a) L'étude du système pénitentiaire : un prétexte ?

D'avril 1831 à mars 1832, Tocqueville séjourne en Nouvelle-Angleterre, au Québec, à la Nouvelle-Orléans et parcourt le sud et l'ouest des États-Unis.

> L'Amérique lui offre, comme société et comme culture, une démocratie pure. Et un gouvernement déduit de cette démocratie pure. Une anti-Europe dans les deux cas, sans héritage aristocratique, sans legs absolutiste, sans passions révolutionnaires [2].

La découverte de cette expérience « chimiquement pure » de la démocratie sera capitale pour l'élaboration de sa pensée. Mais

---

1. Tocqueville, *De la démocratie en Amérique*, I, p. 261 ; éd. Furet, p. 452.
2. *Ibid.*, I, Préface (éd. F. Furet), p. 18.

elle répondait à une interrogation et à une quête déjà fort anciennes. En effet, une lettre de janvier 1835 à son ami Louis de Kergorlay, dévoile que depuis dix ans déjà – soit dès l'âge de vingt ans! – Tocqueville pensait ce qu'il écrira après son séjour en Amérique.

> Je n'ai été en Amérique que pour m'éclairer sur ce point (la question de la marche inévitable vers l'égalité et celle de sa compatibilité ou non avec la liberté). Le système pénitentiaire était un prétexte : je l'ai pris comme un passeport qui devait me faire pénétrer partout aux États-Unis [1].

C'est bien sa réflexion sur le statut déclinant de la noblesse qui l'a conduit à se pencher sur l'évolution inexorable des nations modernes vers l'égalité des conditions, vers le suffrage universel [2]. Et sa terre d'observation sera le Nouveau Monde, son modèle l'Amérique, en laquelle il voit « plus que l'Amérique », mais le secret des origines démocratiques. Ce régime apporté par des émigrants vers la fin du XVIe siècle – les *pilgrims*, les pèlerins –, les puritains de la Nouvelle-Angleterre ou les Quakers de Pennsylvanie, le fascine dans son histoire et son devenir actuel. Il y découvre un peuple neuf dans un pays neuf qui, au Nord, combine harmonieusement esprit de religion et de liberté, au Sud, tend à promouvoir une civilisation fondée sur l'esclavage, principe en contradiction même avec l'état social. Une trentaine d'années avant le début de la guerre de Sécession [3], les mots de Tocqueville sur « les Américains du Sud » ont encore aujourd'hui leur pleine vigueur.

---

1. Tocqueville, *De la démocratie en Amérique*, I, cité par F. Furet, p. 9. Extrait de la Correspondance d'A. de Tocqueville et de L. de Kergorlay, *Œuvres Complètes*, Paris, Gallimard, XIII, t. I, p. 373-375.

2. Tocqueville, *De la démocratie en Amérique*, I, 1re partie, chap. IV, p. 45; éd. Furet, p. 119.

3. J. M. McPherson, *La guerre de Sécession*, trad. fr. B. Vierne, « Bouquins », Paris, Robert Laffont, 1991. Voir la Préface de Ph. Raynaud, p. V-XXV, et l'analyse faite à partir de la réflexion de Tocqueville, p. VI-XII.

> L'esclavage, resserré sur un seul point du globe, attaqué par le christianisme comme injuste, par l'économie politique comme funeste ; l'esclavage, au milieu de la société démocratique et des lumières de notre âge, n'est point une institution qui puisse durer[1].

Les préjugés aristocratiques des Anglais du Sud et les mœurs qui en découlent disparaîtront. L'accord se fera un jour prochain pour faire disparaître, certes, non sans drames, cette anachronie de l'esclavage dans un siècle d'égalité, cette contradiction foncière au sein même de la société américaine, qui menace son unité et son être. Lucidité, là encore, de l'observateur du Nouveau Monde sur la guerre civile potentielle entre l'aristocratie sudiste et la démocratie nordiste, mais récurrence du constat : la démocratie américiane n'est pas d'esprit révolutionnaire.

> Si l'Amérique éprouve jamais de grandes révolutions, elles seront amenées par la présence des noirs sur le sol des États-unis : c'est-à-dire que ce ne sera pas l'égalité des conditions, mais leur inégalité qui les fera naître[2].

En 1833, Tocqueville publie en collaboration avec Gustave de Beaumont, un rapport, fruit de leurs observations durant leur séjour : *Du système pénitentiaire aux États-Unis et de son application en France*, qui obtient le prix Montyon de l'Académie Française. La récompense commune salue un ouvrage utile aux mœurs, recommandable « par (son) caractère d'élévation et d'utilité morales ». La méthode comparatiste, chère à Tocqueville s'y manifeste déjà et ne fera que se renforcer dans *De la Démocratie en Amérique*. On sait que Tocqueville a le sentiment de « ne marcher à la suite de personne », de penser autrement que son milieu social ne pense,

---

1. Tocqueville, *De la démocratie en Amérique*, I, 2ᵉ partie, chap. X, p. 278 ; éd. Furet, p. 480.

2. *Ibid.*, II, 3ᵉ partie, chap. XXI, « Pourquoi les grandes révolutions deviendront rares », p. 214 ; éd. Furet, p. 316-317.

mais il se sent investi d'une responsabilité vis-à-vis des siens : les éclairer, leur démontrer que la marche démocratique se fera maintenant et plus tard, qu'elle occupera bientôt la scène mondiale. La lucidité courageuse de l'observateur et analyste de la spécificité américaine lutte contre toute tentation de déni du réel. Il faut regarder les choses en face, ne plus espérer en un passé mort ou en voie de mourir. Les valeurs de la tradition s'effritent, la chaîne se brise peu à peu entre les générations, pour ce qui est de la vieille Europe et de la France, en particulier.

b) *L'Europe aristocratique, l'Amérique démocratique*

Le lien social du monde nobiliaire est atteint en profondeur et non en surface. Depuis sa jeunesse, Tocqueville a constaté le recul et le déclin du monde aristocratique. Ses biens rares – « la naissance, le savoir, la richesse »[1] – sont en voie de disparition. Les ordres et les classes se mélangent. Leurs contours s'estompent et disparaissent peu à peu.

> L'aristocratie avait fait de tous les citoyens une longue chaîne qui remontait du paysan au roi ; la démocratie brise la chaîne et met chaque anneau à part… Non seulement la démocratie fait oublier à chaque homme ses aïeux, mais elle lui cache ses descendants et le sépare de ses contemporains ; elle le ramène sans cesse vers lui seul[2].

La démocratie engendre un individualisme « nouveau », de type égalitaire. Cela, l'Amérique le lui montre de façon ostentatoire. L'égalité des conditions, produit de la « grande révolution démocratique », est « le point central » où toutes les observations aboutissent, souligne l'Introduction de 1835. « Progrès vers le nivellement universel », aux antipodes de la noblesse féodale. Regarder vers le passé lointain d'avant le

---

1. Tocqueville, *L'Ancien Régime et la révolution, État social et politique de la France avant la Révolution*, p. 58.
2. Tocqueville, *De la démocratie en Amérique*, II, 2ᵉ partie, chap. II, p. 98 ; éd. Furet, p. 126-127.

XIIe siècle, quand la noblesse était d'un prix inestimable – en rien un prix marchand – constater que la valeur de la naissance baisse graduellement – en 1270, par exemple, elle peut s'acheter – ne sert que si l'on veut établir les lignes de fracture entre l'ancien monde et le nouveau, ou voir comment l'ancien a pu lentement se fissurer au point de laisser s'installer ce qui allait le détruire. L'Europe aristocratique a laissé s'établir l'empire démocratique dans ses institutions et ses mœurs. « En quittant l'état social de nos aïeux, en jetant pêle-mêle derrière nous leurs institutions et leurs mœurs, qu'avons-nous pris à la place »[1] ? L'abandon, la destruction de la société aristocratique sont soulignés, non sans nostalgie, par l'auteur comme pour mieux montrer l'abîme cuturel et social entre les deux univers mentaux, l'ancien et le moderne. « La démocratie de France a renversé tout ce qui se rencontrait sur son passage, ébranlant ce qu'elle ne détruisait pas ». Agitation, trouble, tumulte – et non « empire paisible » – sont le propre de démocraties nées « dans la chaleur de la lutte ». L'Amérique est autre et s'est construite autrement, au cours de sa fondation. Elle donne à voir « une grande mobilité de la plupart des actions humaines et la fixité singulière de certains principes »[2].

Les institutions concrètes des États-Unis deviennent un sujet d'étude pour la France républicaine – et non un sujet de curiosité pour la France monarchique – note l'Avertissement de la douzième édition de la *Démocratie en Amérique*, publiée en 1848. « La royauté existait alors, aujourd'hui elle est détruite ». La question n'est plus de choisir entre monarchie et république, mais bien de savoir quelle république l'on souhaite aujourd'hui pour la France : agitée ou tranquille, libérale ou oppressive, pacifique ou guerroyante ? Laquelle l'emportera de la tyrannie démocratique ou de la liberté démocra-

---

1. Tocqueville, *De la démocratie en Amérique*, I, Introduction, p. 11 ; éd. Furet, p. 65.

2. *Ibid.*, II, 3e partie, chap. XXI, p. 215 ; éd. Furet, p. 317.

tique? L'Amérique, il y a plus de soixante ans a résolu le
problème. Elle a instauré le principe de la souveraineté du
peuple, façonné une législation, construit un territoire, établi
une population, développé ses richesses.

> Presque toute l'Europe était bouleversée par des révolutions;
> l'Amérique n'avait pas même d'émeutes; la République n'y
> était pas perturbatrice, mais conservatrice de tous les droits; la
> propriété individuelle y avait plus de garanties que dans aucun
> pays du monde, l'anarchie y était aussi inconnue que le
> despotisme [1].

Tocqueville se penche inlassablement sur l'exception de
l'Amérique qui « voit les résultats de la révolution démocratique qui s'opère parmi nous sans avoir eu la révolution elle-
même » [2]. Première et Seconde Démocratie s'accordent : « Le
grand avantage des Américains est d'être arrivés à la démocratie sans avoir à souffrir des révolutions démocratiques, et
d'être nés égaux au lieu de le devenir » [3]. Leur histoire est, à cet
égard, moins tragique que celle de la France.

c) *Monde physique, monde moral, monde politique*

L'observation concrète du fait démocratique américain
– les lois, les mœurs, les races, les partis, le gouvernement, la
constitution fédérale, les trois pouvoirs, la configuration
géographique, le rôle du peuple, l'absence de centralisation, le
rôle des associations, le statut libre de la presse etc. –, la comparaison entre le vieux continent et le nouveau, la part faite à
l'influence géo-climatique, chère à Bodin et à Montesquieu,
ou à l'influence réelle, affirmée à maintes reprises du
christianisme, forgent l'essentiel de la Première Démocratie.

---

1. Tocqueville, *De la démocratie en Amérique*, I, Avertissement de la
douzième édition, p. 54 (éd. Furet).
2. *Ibid.*, I, Introduction, p. 14; éd. Furet, p. 68.
3. *Ibid.*, II, 2ᵉ partie, chap. III, p. 99; éd. Furet, p. 130.

Le christianisme – cette religion absolument «nouvelle» qui invente de nouvelles valeurs, renverse l'ordre traditionnel – joue un rôle essentiel, selon Tocqueville, dans cette «grande révolution démocratique». Aux États-Unis, son influence – chez les fondateurs de la Nouvelle-Angleterre, par exemple – est manifeste. La religion «mène aux lumières; c'est l'observance des lois divines qui conduit l'homme à la liberté»[1]. La civilisation anglo-américaine détient une indéniable originalité: elle «combine merveilleusement l'esprit de religion et de liberté». Elle donne à voir l'union réussie d'un «monde moral et d'un monde politique», écrit-il dès le second chapitre d'ouverture de la première Démocratie. «Dans le monde moral, tout est classé, coordonné, prévu, décidé à l'avance. dans le monde politique, tout est agité, contesté, incertain». Sur le continent américain, les deux tendances marchent de concert, ce qui renforce plus encore le contraste avec l'Europe.

> La religion voit dans la liberté civile un noble exercice des facultés de l'homme; dans le monde politique, un champ livré par le Créateur aux efforts de l'intelligence… La liberté voit dans la religion la compagne de ses luttes et de ses triomphes, le berceau de son enfance, la source divine de ses droits. Elle considère la religion comme la sauvegarde des mœurs; les mœurs comme la garantie des lois et le gage de sa propre durée[2].

Lorsqu'il s'agit d'étudier «les causes principales qui tendent à maintenir la république démocratique aux États-Unis»[3], Tocqueville note que Dieu, en livrant aux Américains «un continent sans bornes, leur a accordé les moyens de rester longtemps égaux et libres». C'est comme si Dieu avait tenu en

---

1. Tocqueville, *De la démocratie en Amérique*, I, 1re partie, chap. II, p. 34; éd. Furet, p. 101.

2. *Ibid.*, I, 1re partie, chap. II, p. 35-36; éd. Furet, p. 103-104.

3. Tocqueville, *De la démocratie en Amérique*, I, 2e partie, chap. IX, p. 229 *sq.*; éd. Furet, p. 379 *sq.*

réserve cette terre, comme si elle n'était sortie que de dessous les eaux du déluge. Le sol qui porte les Américains est sans doute ce qu'il y a de plus extraordinaire, plus encore que leurs lois ! Sol qui fait penser « au premier commencement du monde », sol offert à la main de l'homme, sol neuf et pur fait pour accueillir un univers mental et social tout à fait inédit.

d) *Comment déjouer la dérive despotique ?*

Il semble à Tocqueville que la passion égalitaire soit contenue en Amérique par la passion religieuse et les institutions politiques « libres », ce qui régule la tendance au despotisme, même si elle demeure toujours un danger.

> Les législateurs de l'Amérique n'ont pas cru que pour guérir une maladie (l'individualisme) si naturelle au corps social dans les temps démocratiques et si funeste, il suffisait d'accorder à la nation tout entière une représentation d'elle-même ; ils ont pensé que, de plus, il convenait de donner une vie politique à chaque portion du territoire, afin de multiplier à l'infini, pour les citoyens, les occasions d'agir ensemble, et de leur faire sentir tous les jours qu'ils dépendent les uns des autres [1].

Les décentralisations gouvernementale et administrative – cette dernière, inconnue en Amérique – que Tocqueville distingue [2] sont un des freins puissants à la menace despotique du nouvel état social. Les associations, politiques et civiles en sont un autre. La Première Démocratie s'arrête sur l'association politique : « De notre temps, la liberté d'association est devenue une garantie nécessaire contre la tyrannie de la majorité » [3]. Même s'il s'agit d'un moyen borné, il n'en est pas moins bon. Les associations tempèrent le despotisme des

---

1. *Ibid.*, II, 2e partie, chap. IV, p. 101 ; éd. Furet, p. 132-133.

2. *Ibid.*, I, 2e partie, chap. VIII, « De ce qui tempère aux États-Unis la tyrannie de la majorité », p. 204 ; éd. Furet, p. 361.

3. Tocqueville, *De la démocratie en Amérique*, , I, 2e partie, chap. IV, p. 148 ; éd. Furet, p. 278.

partis, des factions, ou l'arbitraire du prince, dans les nations démocratiques. Europe ou Amérique, là encore, ne comprennent pas de façon semblable le droit de s'associer. La première considère l'association comme « une arme de guerre », « le conseil législatif et exécutif de la nation » – expressive, dit-on et veut-on croire, de la majorité – la seconde, comme un droit et un pouvoir pour la minorité d'exister et de manifester sa liberté, son indépendance, de façon paisible, mais ferme et légale – sorte de « gouvernement civil », propre à la minorité qu'elle regroupe –. La Seconde Démocratie s'arrête davantage sur l'association civile : « ce sont les associations qui, chez les peuples démocratiques, doivent tenir lieu de particuliers puissants que l'égalité des conditions a fait disparaître »[1]. L'association est une puissance libre aux États-Unis, « qu'on voit de loin et dont les actions servent d'exemple ; qui parle et qu'on écoute ». Fort de cette découverte propre aux pays démocratiques, Tocqueville voit dans la science de l'association, la « science mère » génératrice de forces nouvelles qui tempèrent le despotisme de la majorité.

Douceur ou violence de la démocratie à venir ?

Le mot « douceur » revient souvent sous la plume tocquevillienne pour caractériser le nouvel état social, dont le despotisme et la servitude paraissent doux, invisibles, non pesants, car sournois. « Les extrêmes s'adoucissent et s'émoussent », constate le chapitre de clôture de la *Seconde Démocratie*, les « mœurs sont douces » car plus uniformes, ne creusant pas les écarts excessifs, qui faisaient le propre de l'ancien monde inégalitaire, où seule une « caste » avait accès à la liberté. Le monde nouveau est plus juste, indéniablement, admet Tocqueville. Mais il se sent, dans cette évaluation, « plein de craintes et plein d'espérances », au seuil de muta-

1. *Ibid.*, II, 2ᵉ partie, chap. V, « De l'usage que les Américains font de l'association dans la vie civile », p. 106 ; éd. Furet, p. 140.

tions qu'il voit, confusément encore, comme pouvant signer soit le progrès avéré du nouvel état social soit sa chute ou sa désagrégation lente et pernicieuse.

> Les nations de nos jours ne sauraient faire que dans leur sein les conditions ne soient pas égales ; mais il dépend d'elles que l'égalité les conduise à la servitude ou à la liberté, aux lumières ou à la barbarie, à la prospérité ou aux misères.

Les derniers mots de *La démocratie en Amérique de 1840* sont lourds d'une alternative que le siècle suivant allait orienter vers la voie tragique des deux conflits mondiaux que l'on sait, et donner à voir deux « totalitarismes », irréductibles au terme de despotisme, ancien et nouveau.

TEXTE 2

Karl Popper
La société ouverte et ses ennemis
t. I, *L'ascendant de Platon, Les idées politiques de Platon,*
chap. 7, *Le principe d'autorité*[*]

Le principe de l'autorité des sages doit sans doute beaucoup à l'influence de Socrate, qui prônait fondamentalement, me semble-t-il, un intellectualisme moral. Je veux dire par là qu'il assimilait le bien à la sagesse, en soutenant que personne n'agit contrairement à ce qu'il croit raisonnable et que toute faute morale est due à l'ignorance. Il pensait, d'autre part, que la perfection morale peut s'apprendre et n'exige aucune propension particulière au bien, mais simplement une intelligence normale.

Socrate était un moraliste et un enthousiaste, prêt à critiquer les défaillances de tout gouvernement, mais estimant que les lois de l'État doivent être respectées. Il a passé une grande partie de son existence sous un régime démocratique et, en bon démocrate, a cru de son devoir de dénoncer l'incompétence et la phraséologie creuse de certains dirigeants de son temps. Mais il était opposé à toute forme de tyrannie, et le courage dont il a fait preuve sous la dictature des Trente Tyrans

[*] Trad. fr. J. Bernard et P. Monod, Paris, Seuil, 1979, p. 109-111.

montre bien que ses critiques antérieures n'étaient pas d'inspiration antidémocratique. Il n'est pas du tout invraisemblable qu'il ait préconisé un pouvoir exercé par les meilleurs, c'est-à-dire les plus sages ou les plus pénétrés du sentiment de la justice, mais d'une justice égalitaire, comme le montrent les passages du *Gorgias* cités au chapitre précédent[1]. De plus, c'était un individualiste – peut-être le plus grand apôtre d'une éthique individualiste qui ait jamais vécu. Il a nettement indiqué qu'en parlant des plus sages il ne voulait pas dire les plus instruits ; il se méfiait de l'érudition, que ce soit celle des philosophes du passé ou des sophistes de sa génération. Pour lui, la sagesse était simplement la conscience de savoir peu de chose. Il enseignait que ceux qui ignoraient cela ne savaient réellement rien, ce qui est le véritable esprit scientifique. (…)

Il importe de noter que l'intellectualisme de Socrate était égalitaire et antiautoritaire. Socrate croyait tout le monde capable d'apprendre, et on le voit, dans le *Ménon*, en train d'enseigner à un jeune esclave une forme de ce qu'on appelle aujourd'hui le théorème de Pythagore, pour prouver qu'un esclave sans instruction peut comprendre des questions abstraites. Il estimait qu'une technique de l'esprit, comme la rhétorique, peut être enseignée dogmatiquement par un spécialiste, mais que le véritable savoir, la sagesse et la vertu ne peuvent l'être que par une méthode qu'il présente comme une sorte d'obstétrique. On peut aider ceux qui désirent s'instruire à se débarrasser de leurs idées préconçues, à exercer leur esprit critique, à développer leur discernement, à prendre des décisions bien fondées et à mesurer combien la vérité est difficile à atteindre. Quand Socrate demandait (s'il l'a jamais fait) que les meilleurs, c'est-à-dire les hommes intellectuellement honnêtes, gouvernent, il ne voulait dire ni les plus instruits, ni les plus nobles. On peut même soutenir qu'en

---

1. Popper, *La société ouverte et ses ennemis*, I, chap. 6, « La justice totalitaire », VIII, p. 79-103.

considérant le courage comme une sagesse, il critique indirectement la thèse aristocratique selon laquelle le héros doit être de noble naissance.

Cette intellectualisme moral est cependant une arme à deux tranchants. Malgré son caractère égalitaire et démocratique, repris et développé plus tard par Antisthène, il peut aisément conduire à l'*autoritarisme*, à cause du rôle important accordé au savoir et à l'éducation. Socrate semble avoir été tourmenté par le fait que ceux qui ne sont pas instruits, donc pas suffisamment sages pour connaître leurs lacunes, sont précisément ceux qui ont le plus besoin d'instruction. Aussi lui semble-t-il nécessaire qu'une autorité stimule l'ignorant pour le pousser à apprendre. Mais cet unique élément autoritaire est admirablement compensé dans son enseignement par le fait que l'action de l'autorité doit s'arrêter là. Le véritable maître ne démontre sa valeur que si, à la différence de son élève, il est capable de se critiquer lui-même. Son autorité tient à ce qu'il sait combien peu il sait. Pour Socrate, la mission éducative est en même temps politique, et c'est parce qu'il cherche à développer le sens critique des citoyens au lieu de les flatter, qu'il se déclarait « le seul politicien de son temps ».

COMMENTAIRE

SOCRATE, EMBLÈME DE LA DÉMOCRATIE ?

« Si nous voulons rester humains, une seule voie s'offre à nous :
celle qui conduit à la société ouverte. Nous devons accepter ce saut
dans l'inconnu et dans l'incertain, en demandant à ce que nous
possédons de raison de nous guider vers la sécurité et la liberté » [1].

Popper voit en Socrate un emblème de poids pour la
démocratie moderne. Sa personnalité, respectueuse des individus et de leurs différences, sa philosophie non dogmatique,
sa pratique, quasi constante dans la discussion, de la réfutation
(*élenchos*) – « ouverte », en mouvement, jamais achevée –,
sont autant de façons pour le philosophe grec de montrer que
l'inscience est la voie royale de la connaissance, qui sait
son ignorance et ne se prend pas pour définitivement acquise,
« installée » dans ses sécurités, « établie » à jamais dans sa
suffisance. Socrate force le respect et suscite l'admiration par
delà les siècles qui nous séparent de lui, par sa manière d'être
au monde, son « être-avec » autrui généreux, tendu vers le bien
de chacun, attentif à sa liberté, à ses progrès comme à ses
limites, soucieux de lui faire dépasser préjugés stables et
opinions figées avec son accord.

---

1. Popper, *La société ouverte et ses ennemis*, I, p. 164

Socrate illustre, selon Popper, cette « grande génération » du Vᵉ siècle athénien, marquée par Périclès, Thucydide, les Sophistes, Démocrite, et celui avec qui il a le plus de comptes à régler, Platon. Cette « grande génération » nous parle aujourd'hui, avec plus encore d'acuité, eu égard aux tragédies meurtrières dont le XXᵉ siècle fut porteur. La démocratie est une œuvre jamais achevée. Plus encore peut-être qu'un régime, elle est un « état social », pour parler comme Tocqueville, un « état mental », une façon d'habiter ce monde qui nous est commun et dont nous sommes avant tout les hôtes. Socrate permet de nous reprendre, de faire des pauses salutaires dans nos volontés voraces, parfois, d'annexer la terre et les hommes qui la peuplent. À ce titre, le philosophe délivre une leçon forte de liberté, d'humilité, de respect, mais aussi de fraternité et de « tolérance », au sens exigeant de ce terme. Les valeurs socratiques de justice, de vérité soumise à l'examen critique de la raison, d'une sagesse théorique et pratique marquée par le partage en commun des fruits d'un savoir « réfutable », non imbu de lui-même, peuvent et doivent consolider la tâche éthique et politique qui hante la démocratie, depuis son origine et par delà les avatars de l'histoire.

Les « ennemis » de « la société ouverte »

Karl Popper dit avoir eu l'idée du livre publié en langue anglaise à Londres en 1945, *The Open Society and its Enemies*, dès 1919, à la fin de la première guerre mondiale. Son rejet des systèmes totalisants, comme le marxisme, est, à ce moment déjà, entier et définitif. Tout ce qui paraît sacrifier l'individu sur l'autel de l'histoire, museler sa liberté, sous quelque prétexte que ce soit, tout ce qui semble justifier la violence et l'écrasement des personnes, toute logique systémique sûre d'elle – « totaliste » ou holiste, voire « totalitaire », quand elle s'applique à l'État –, tout ce qui convertit à son profit l'idée grecque de destin en nécessité globale, tout ce qui s'apparente à des lois prophétiques du devenir humain ou cosmique et bascule ainsi dans « l'utopisme », tout cela devient la cible poppérienne d'attaques sans concession.

L'individu n'est pas « un pion, un instrument minime de l'évolution générale de l'humanité »[1]. Il ne se réduit pas à un anonyme sur la scène de l'histoire. Ni la religion, vue comme doctrine selon laquelle Dieu guiderait un peuple tout au long de son parcours terrestre, ni l'idéologie laïque qui substituerait à une théologie de l'histoire le privilège de la race supérieure ou de la classe opprimée, comme par exemple, le fascisme et le marxisme, n'ont grâces aux yeux de Popper. La théologie de l'histoire où l'individu ne semble pas avoir sa part, où le terme temporel est lointain, mais, en revanche, « certain et irréfutable », est bien une forme d'historicisme, qui se retrouve « dans des versions modernes », de type fasciste ou marxiste. La loi de nature régit le devenir historique pour le premier, la loi économique, pour le second. Dans l'un ou l'autre exemple, une loi impérieuse de l'histoire régit le destin des individus, des peuples et des États, les empêchant d'exister, de respirer, de penser ou d'agir librement. À ce qui est perçu comme mise à mal des personnes, l'auteur ne peut souscrire.

Popper s'en prend directement à Hegel, pour l'historicisme moderne et, en amont, aux Anciens, comme Héraclite[2], maître de Platon, à bien des égards, Platon lui-même, et son disciple Aristote, qui nourrissent selon lui, sur beaucoup de points, les vues du philosophe allemand. Ainsi le combat poppérien contre Platon est-il forcené, souvent démesuré,

---

1. Popper, *La société ouverte et ses ennemis*, I, chap. 1, « L'historicisme et le mythe du destin », p. 15.

2. *Ibid.*, I, voir le chap. 2 consacré à Héraclite, p. 17-23. L'auteur souligne le caractère « historiciste » de la conception héraclitéenne du devenir universel ainsi que la loi de l'histoire qui s'en dégage : le conflit – *polemos* – est « le père de toute chose ». Popper y voit « une analogie avec notre temps », marqué par le relativisme changeant des valeurs, le trouble social et politique, « l'anti-démocratisme », par la valorisation « des meilleurs », etc. (p. 22).

chargé en émotion et en passion, à proportion de la génialité du philosophe critiqué, qui, reconnaît-il, se retrouve présent dans toute l'histoire de la philosophie. Celle-ci n'en est, au fond, qu'un « long commentaire ». Matrice de tous les systèmes de pensée présents et à venir, fussent-ils différents de lui, opposés à lui, voisins ou contraires, la philosophie de Platon serait ainsi vouée à être constamment réexaminée, objet d'un débat sans fin, d'un combat sans limite, d'une reprise sans clôture, d'une présence plus qu'insistante et inquiétante. Une sorte d'obsession intellectuelle taraude Popper et lui sert de ligne de partage entre les « grands » philosophes – Antisthène [1] – « le seul successeur digne de (Socrate), son vieil ami, le dernier représentant de la grande génération » –, par exemple, ou Démocrite, « l'humaniste universaliste » –, et les autres, « ennemis de la société ouverte ».

Le commentaire de Popper s'inscrit néanmoins dans la longue lignée d'une reprise du legs platonicien. Il contribue à en attiser la vigueur, à en renforcer l'ampleur, à en alimenter la postérité. La violence de la critique ou du trait, toujours outré, qui l'anime, atteste la force de l'auteur qui en est la cible. Même si Popper semble vouloir « sauver » Socrate du mal dont il accuse Platon – son « totalisme », son « totalitarisme », son « utopisme », son « aristocratisme », son déni de l'individuel, son refus du changement, de la nouveauté –, n'est-ce pas encore et toujours de Platon qu'il parle ? La critique de l'historicisme, par exemple, est un exemple parlant. Platon fuit le temps, aux dires de Popper, et crée un monde uchronique, celui des Formes ou des Idées, mais simultanément, il assigne à l'histoire une loi de chute, de « décadence » : « tout ce qui naît est sujet à la corruption », selon le mot célèbre et concis de la *République* VIII. Il tombe, dès lors, dans le travers dénoncé : l'historicisme, tout en semblant y échapper.

Mais qu'est l'historicisme[1] selon Popper, sinon une théorie dont toutes les sciences sociales se réclament, qui fait de la prédiction historique leur principal but : des lois, des tendances générales, des mouvements, des rythmes, peuvent ainsi être dégagés et montrer que l'on approche du but. Or, prédire, par quelque méthode rationnelle et scientifique, est impossible selon l'auteur de *Misère de l'historicisme*. Les penseurs qui se réfèrent ainsi à des lois générales de l'histoire ne peuvent qu'errer, divaguer, avouer leur « irrémédiable faiblesse ». La critique platonicienne de la démocratie athénienne tombe sous le coup de cette critique, puisqu'elle prend corps dans une théorie évolutive des « États malades », qui se succèdent selon une loi de corruption progressive : la timocratie a dégénéré en oligarchie, la démocratie conduit, par ses dévoiements, à la tyrannie, c'est-à-dire au retour de la servitude.

Mais « l'ennemi », désigné ici par le nom d'historicisme, n'est-il pas plutôt l'homme lui-même, attestant sa difficulté réelle à demeurer à la hauteur de ses exigences, dans le cas précis, à la hauteur de l'exigence requise par la fondation démocratique, soucieuse à l'origine, de lutter contre tout germe de tyrannie, de l'éradiquer même ? Socrate aurait-il été condamné à boire la ciguë, dans une démocratie digne de son nom et de son idéal ? La démocratie, si violemment condamnée par Platon, désigne avant tout les hommes qui l'ont laissée dériver vers la licence généralisée, le désordre de l'injustice, l'impérialisme sans frein, l'égalité de nivellement, perdant de vue les bienfaits de l'égalité proportionnelle, plus qu'au régime lui-même. Socrate, par ces hommes-là, était perçu comme un dangereux gêneur, qui ne craignait pas de les admonester, leur rappelant l'écart existant entre l'idéal démocratique et sa factualité. Popper s'arrête avec sympathie au Socrate critique

---

1. Popper, *Misère de l'historicisme*, *op. cit.*, Introduction, p. XV. Voir aussi la Préface de l'édition française de 1955, p. X-XI.

de la démocratie, mais le distingue bien de Platon qui se livre, lui, à une « critique totalitaire » du régime et non « à une critique démocratique de la démocratie »[1]! Au fond, le grand mérite de Socrate est de n'avoir rien écrit et le tort de Platon de s'être laissé porter par le remède-poison (*pharmakon*) de l'écriture, objet de toutes les attaques, de toutes les captations, les plus anachroniques possibles, parfois.

Quel Socrate ?

Le Socrate de Platon, plus encore que celui d'Aristophane ou de Xénophon – les trois témoins oculaires du philosophe, condamné par la démocratie grecque, en 399 avant notre ère – traverse la tradition philosophique occidentale, ancienne et moderne, hier comme aujourd'hui. Le mot de Nietzsche dans *Ecce Homo* souligne plus que jamais, sans doute, ce trait : Socrate, le masque de Platon, sa « sémiotique »! Comment dès lors prétendre les dissocier, croire (ou feindre de croire ?) en un Socrate « historique », étranger au dire platonicien ? Certes, séparer Socrate et Platon sert le projet popperien de disculper de toute responsabilité « totalitaire » le premier. L'un serait un individu modeste, un homme « épris de raison », mais certain de ne rien savoir, remettant sur le métier toute certitude pour mieux la déconstruire, l'autre « un demi-dieu totalitaire », aux dogmes « irréfutables », malfaisant[2], source d'intoxication sans fin pour les esprits les plus brillants comme pour les plus simples! Popper tombe-t-il dans la « mythologie » que, par ailleurs, il dénonce ? Il voudrait éliminer Platon, le réfuter entièrement pour supprimer son influence néfaste. Il la consacre par le simplisme souvent chétif des oppositions.

---

1. Popper, *La société ouverte et ses ennemis*, I, p. 155-156.
2. *Ibid.*, I, « La sociologie de Platon », chap. 4, « Changement et immobilité », p. 45. Platon, par son « venin » antidémocratique, sa « propagande », peut faire des ravages sur les esprits, particulièrement « sur des esprits simples » !

Il y aurait, selon lui, entre Socrate et Platon, « contraste entre deux mondes »[1]. En termes plus politiques, l'un serait démocrate, l'autre non. Popper ne s'arrête pas, bien sûr, aux critiques du pouvoir démocratique adressées de son vivant et après sa mort, à Socrate, lui reprochant d'avoir failli aux valeurs, aux croyances, aux mœurs, et aux lois du régime. Le pamphlet du sophiste Polycratès en 393 – six ans après la mort du philosophe – reprend l'accusation, désireux de maintenir vive la mémoire du peuple athénien : Socrate incarne le *miso-dèmos*, par excellence. Il a critiqué la démocratie et ses insti-tutions, notamment le tirage au sort, le principe de l'égalité (*isotès*), s'est élevé contre les visées impérialistes des gouver-nants, le laisser-aller de certains. Il aurait même montré parfois un certain mépris du peuple. De plus, il fut le maître de ceux qui ont contribué à la chute ou au destin tragique d'Athènes, comme Critias et Alcibiade. En conséquence, il ne faut pas propager son souvenir, en faire une figure hagiographique. Ce serait menacer la démocratie elle-même ! Il méritait de mourir. Il ne mérite pas qu'on lui voue un culte *post mortem*.

Polycratès sert le parti populaire encore au pouvoir, mais déclinant et faible. Il veut le renforcer et se sert de Socrate comme exemple destructeur de la démocratie, comme modèle à ne pas imiter, comme danger insidieux, plus encore peut-être après sa mort que de son vivant, pour la cité démocratique athénienne. Des écoles en effet, se forment et se multiplient peu à peu, se référant à la figure tutélaire, héroïsée de Socrate, transmettant à la postérité un message jugé nocif par le pouvoir populaire et devant être sans relâche combattu.

L'accusation du sophiste est si forte, si influente que Xénophon pourrait avoir décidé d'écrire les *Mémorables* pour la réfuter et servir la mémoire du « vrai » Socrate, celui que

---

1. Popper, *La société ouverte et ses ennemis*, I, p. 112.

jamais on n'aurait dû condamner à mort. Un chapitre entier[1] reprend une à une les critiques de « l'accusateur ». Les sympathies de Xénophon pour Sparte, la rivale d'Athènes, lors de la guerre du Péloponnèse, ne sont un secret pour personne. La démocratie a montré sa faiblesse en condamnant le Juste par excellence, en lui faisant subir un verdict injuste et faux. Le taxer d'impiété et de corruption de la jeunesse d'Athènes dépasse la mesure. Xénophon disculpe Socrate, texte après texte, des maux dont on l'accuse. Comme Platon, l'historien grec rend le régime populaire – et les hommes qui l'incarnaient alors – responsable de la condamnation, non celui qui l'a subie. Qu'on ne se trompe pas de coupable !

La liste serait longue des annexions socratiques, au long des siècles et au gré des circonstances, des mouvements de l'histoire et des idées. Une chose est sûre : aucune auréole politique n'entourait Socrate ni de son vivant ni après sa mort. Fut-il « démocrate » ou « oligarque » ? Le philosophe transcendait, par sa nature propre, les clivages des régimes politiques et les passions qui s'y rattachent. Popper reconnaît qu'il « était tout le contraire d'un homme de parti »[2]. S'il est un Socrate « historique », la question de l'étiquette politique constitue à elle seule un problème « ouvert », voué à le rester. Elle désigne un masque de plus légué à la postérité par Socrate, à décrypter ou à évaluer, une brèche dans laquelle la critique poppérienne a choisi, pour sa part, de s'engouffrer de façon tranchée. Le « démocrate » – au sens moderne, de surcroît ! – permet à Popper de s'en prendre à « l'aristocrate », le temps d'un volume entier !

---

1. Xénophon, *Les Mémorables*, dans *Œuvres Complètes*, 3, trad. fr. P. Chambry, Paris, GF-Flammarion, 1967, I 2, 9-64.

2. Popper, *La société ouverte et ses ennemis*, I, p. 157.

Une défense de la démocratie ?

Popper revisite la philosophie selon son prisme épistémologique politique et historique, portant sur le passé lointain des Anciens Grecs, un regard tout à fait anachronique, fort loin de l'impartialité[1] – de l'aveu même de l'auteur –, regard hanté par les événements du XXe siècle, notamment les deux guerres mondiales et leur cortège de tragédies. Les deux « totalitarismes » modernes président, sans discontinuer, à la dénonciation popperienne de « l'ascendant de Platon » comme à celle des philosophies de Hegel et Marx. La Préface à l'édition française de *La Société ouverte et ses ennemis* éclaire sur l'objet de l'ouvrage, mais aussi sur l'œuvre de son auteur, en son ensemble. Il s'agit, en effet, « d'aider à la défense de la liberté et de la démocratie », sans en nier ni minorer les imperfections et les difficultés. Mais la démocratie, aussi limitée soit-elle dans ses réalisations, vaut infiniment mieux que son contraire, la tyrannie. En sa perfectibilité réside le gage de son excellence.

En termes popperiens, cela signifie que rien ne doit jamais être circonscrit de façon définitive, statique, immobile, « irréfutable ». « Réfutable », « falsifiable », c'est-à-dire rectifiable, ouverte à un inlassable travail de reprise, la démocratie doit être, comme toutes les œuvres humaines, soumise à « la critique rationnelle et à l'esprit humanitaire ». Elle n'est pas simplement le gouvernement du peuple, « elle suppose la foi en la raison et une véritable conviction humaniste »[2]. Tel est le socle de son amélioration. Ni totalement achevée, ni totalement manquée, elle se tient dans cet entre-deux spécifique de l'humain : le « faillible », le toujours possiblement meilleur auquel il faut, sans relâche œuvrer. Socrate « le démocrate »,

---

1. Popper, *La Société ouverte et ses ennemis*, I, chap. 3, p. 35 : « Le lecteur ne doit s'attendre ni à une illustration de l'ensemble de (la philosophie de Platon) ni à une appréciation impartiale du platonisme ».

2. *Ibid.*, I, p. 153.

tient alors lieu d'illustration de ce que doit être « notre civilisation, une civilisation dont on pourrait sans doute dire qu'elle a pour objectif l'humanisme et la rationalité, l'égalité et la liberté » [1]. « L'intellectualisme moral » du Socrate popperien, par sa constante remise en question de tout, son exigence de critique rationnelle, ne peut qu'insuffler à la démocratie, ancienne ou moderne, le dynamisme requis pour corriger en constance ses imperfections, rectifier ses erreurs, combler ses lacunes et empêcher qu'elle ne dégénère en régime « totalitaire ».

Qu'est la démocratie, en effet, sinon le régime qui permet des réformes sans violence et l'emploi de la raison dans le domaine politique, par son cadre institutionnel même ? Le Socrate de Popper symbolise à lui seul une lutte vivante contre la dérive totalitaire que Platon n'aurait pas su poursuivre, qu'il aurait bien au contraire attisée au point de la mettre en système. Platon serait alors « le disciple le plus infidèle » de Socrate, le « traître », celui qui n'a réussi qu'à le travestir et, dans les *Lois*, notamment, « à donner le coup de grâce à sa mémoire » [2]… Socrate était « un bon démocrate » à « l'intellectualisme égalitaire et antiautoritaire ». Son culte de l'inscience, sa démarche ironique, son éthique du détachement, son souci d'instruire en déjouant les fausses certitudes, sa maïeutique généreuse, son goût pour la réfutation, attestent qu'il ne prétend pas enfermer « autoritairement » la vérité dans les limites figées d'un dogmatisme clos sur lui-même. Il est incontestablement le « plus grand » des philosophes : « il nous a enseigné que le fondement de la science est la critique » [3].

À l'examen, ce Socrate-là apparaît peu étranger à celui de Platon, « son porte-parole » [4] qui, dans le *Gorgias*, se définit

---

1. Popper, *La société ouverte et ses ennemis*, I, Introduction, p. 9.
2. *Ibid.*, I, p. 159-160, p. 163.
3. *Ibid.*, I, p. 151.
4. *Ibid.*, I, chap. 4, p. 53.

comme le seul Athénien, cultivant « le véritable art politique » et le seul « qui mette cet art en pratique »[1]. Ceci implique, en effet, que le philosophe cher à Platon et à Popper, ne sacrifie son sens de la justice et de la vérité, son amour des lois civiles et religieuses, à aucun pouvoir, fût-il oligarchique ou démocratique. Seule compte à ses yeux une politique respectueuse de la justice, autre nom du bien politique et éthique, bien commun et individuel, indissociables pour Socrate, Platon et Aristote. L'homme est avant tout un « fils de la cité » qu'il se doit d'honorer jusqu'au moment ultime de l'existence. Même la sentence injuste du tribunal démocratique portée à son encontre ne provoque pas chez Socrate de révolte, de désir de se dérober au verdict, en fuyant Athènes, par exemple, comme le lui suggère son proche et riche ami Criton. On ne quitte pas la patrie dont on est le fils, on ne répond pas à un mal par un mal, à l'injustice par l'injustice. L'injustice consisterait ici à désobéir à sa cité. Le rejet du talion[2], vigoureux et sans appel, ne se dissocie pas de l'amour de l'État et de ses lois, fussent-elles injustes.

Popper, comme Platon, fait du Socrate « politique » un point fort de son originalité, un des masques les plus prégnants, peut-être, du philosophe grec qui, par ailleurs, exprime haut et fort sa fierté de n'avoir jamais participé activement à aucun gouvernement. Il le rappelle au procès de 399 : « si j'avais fait de la politique, je serais mort depuis longtemps »[3], note l'Apologie platonicienne. Enfermer Socrate dans une rubrique politique « close », est entreprise risquée, suspecte, en raison des réserves plusieurs fois affichées par celui qui en est l'objet. Le défenseur de la justice, de la vérité, de la sagesse, n'a pas

1. Platon, *Gorgias*, 521 d.

2. Platon, *Criton*, trad. fr. M. Croiset, Paris, Les Belles Lettres, 49 c-d. Voir aussi la *Prosopopée des Lois*, 50 b-53 d. Popper voit dans le *Criton*, « le testament de Socrate », *La société ouverte et ses ennemis*, I, p. 158

3. Platon, *Apologie de Socrate*, trad. fr. M. Croiset, Paris, Les Belles Lettres, 1966, 31 c-d.

livré Léon de Salamine, le démocrate, poursuivi par les oligarques de retour au pouvoir en 403, non pour servir un État donné, mais pour ne pas faillir à un idéal du bien qui consiste à éviter, à tout prix, le mal. Livrer quelqu'un ne pouvait être pour Socrate une action bonne, quelle que soit « l'étiquette » d'appartenance politique de celui-ci et en quelque circonstance que ce soit.

Le « véritable politique », qui s'est tenu à distance de toute action gouvernementale est d'abord un moraliste qui sert le bien public et privé, celui de sa cité et celui de l'individu, dans la plus rigoureuse harmonie. Popper cerne avec justesse l'éthique politique du philosophe lorsqu'il voit en lui quelqu'un « prêt à critiquer les défaillances de tout gouvernement ». La démocratie, lorsqu'elle erre dans ses jugements et dans ses décrets, est la cible de la dénonciation socratique comme le serait n'importe quel régime. Le procès de Socrate l'atteste. Le philosophe plaint ses juges, « coupables d'imposture et d'injustice ». Ils ont été rattrapés par le mal[1] et la postérité en jugera. Elle jugera sévèrement la démocratie athénienne. Et la postérité proche, incarnée d'abord par l'œuvre de Platon, s'attaquera au régime qui a perpétré pareille injustice et n'aura de cesse de le critiquer pour éviter qu'elle ne frappe d'autres innocents, d'autres justes. La violence de Platon contre les régimes existants, notamment, l'oligarchie, la tyrannie et la démocratie, a sa source dans la blessure ressentie lors du verdict prononcé par le tribunal populaire. De là à décréter que Platon est « un homme de parti, un politicien totalitaire », qu'il y a une « identité entre platonisme et totalitarisme »[2], il y a un abîme que Popper franchit sans sourciller! Comment penser parvenir à accuser l'Antiquité platonicienne des maux de la modernité? La logique sacrificielle et la théorie du bouc

1. Platon, *Apologie de Socrate*, 39 b.
2. Popper, *La société ouverte et ses ennemis*, I, p. 140.

émissaire ont leur limite qu'est précisément le jugement rationnel.

Actualité et Antiquité

La société ouverte et ses ennemis, que Popper décide d'écrire lorsque l'Autriche, son pays natal, est envahie par l'Allemagne en 1938, prend pour cibles « le totalitarisme et la tyrannie sous toutes leurs formes, qu'elles soient de droite ou de gauche ». L'auteur s'y consacre de 1938 à 1943, en Nouvelle-Zélande, où réfugié jusqu'en 1945, il enseigne la philosophie. Il apprend seul le grec pour lire Platon. Cet ouvrage représente « son effort de guerre » pour lutter, à son échelle, contre les idéologies meurtrières du XXᵉ siècle. Les philosophies « ennemies de la société ouverte » (Platon, Hegel, Marx) en sont les destinataires, transformées anachroniquement en théories politiques valant pour le monde actuel, en l'espèce celui de la seconde guerre mondiale.

Universalistes, totalisantes, broyeuses de toute individualité, de toute liberté, elles méritent qu'on les attaque de façon frontale, pour le mal qu'elles ont contribué à perpétrer. Combat politique, ici, non universitaire, où tous les coups sont permis, en quelque sorte, pour désacraliser ce qui apparaît à Popper, dogmatismes autoritaires, dominants, sacralisés. Platon et les autres deviennent les armes d'un combat désireux de renouveler l'image et l'enjeu de la démocratie.

On peut toutefois se demander si Popper, comme Platon, n'ont pas à certains égards une structure gémellaire, dans la violence du ton, la force récurrente de l'attaque, la volonté de tout mettre en œuvre pour que le mal individuel et collectif ne soit pas frappé de toute impunité et désigne un ou des responsable(s) à la vindicte de l'humanité pensante. Ils éprouvent en commun « la haine », l'un (Platon) « pour la société dans laquelle il vivait »[1], l'autre (Popper) pour l'historicisme, l'utopisme meurtrier, « le rêve envoûtant d'un monde merveilleux qui fait de la terre un enfer »[2], qui ont conduit aux totalitarismes modernes, issus de la démocratie[3].

La démocratie est au centre de leur combat, l'un pour qu'elle se « redresse » et se tourne vers les valeurs de la fondation (solonienne, clisthénienne, sous certains aspects), l'autre pour qu'elle suscite sans relâche, débats, partage d'idées, vigilance collective et individuelle pour éradiquer les germes de monstruosités, broyeuses des singularités, des dignités, des droits de chacun et de tous à être reconnu à part entière, dans les limites assignées par un État soucieux de promouvoir justice, égalité et liberté. Popper reproche à Platon d'avoir voulu changer la société d'un seul coup[4], par un « extrémisme » aussi « irréaliste » que « vain », victime d'un « esthétisme » soucieux de bannir toute forme de laideur. On pourrait se demander si Popper ne projette pas sur Platon une autre forme d'extrémisme, politique, issu du désenchantement d'une modernité en quête de sens, de repères. Le « clos » et « l'ouvert » ne seraient que prétextes à exprimer un malaise d'époque, où l'affect et la rationalité sont étroitement intriqués.

Par delà le « clos » et « l'ouvert » ?

Les vocables, empruntés à Bergson, mais ici sans ancrage religieux, désignent l'un, la société close[5] ou « tribale », « magique », « autoritaire », fondée sur « un monisme naïf »,

---

1. Popper, *La Société ouverte et ses ennemis*, I, chap. 5, p. 75.

2. Popper, *ibid.*, p. 135.

3. R. Aron, *Démocratie et totalitarisme*, « Idées », Paris, Gallimard, 1970, chap. XV, « Du totalitarisme », p. 285-302 et H. Arendt, *Le système totalitaire*, *op. cit.*, p. 31 : lesmouvements totalitaires sont possibles partout où se trouvent des masses qui (…) se sont découvert un appétit d'organisation politique » ; voir aussi les chap. 3 et 4.

4. Popper, *La société ouverte et ses ennemis*, I, p. 133.

5. Popper, *ibid.*, p. 142.

dépourvue d'esprit critique, confondant loi de nature, loi divine, et loi de société. La « société close », ne comporte que rigidité, étroitesse, fixisme : fermée à toute évolution comme à toute remise en question, elle ne peut que stagner, freiner en son sein des énergies empêchées *de facto* de se déployer. Société mutilatrice des individualités, assimilable à un organisme biologique où la loi du tout prévaut sur les parties, les dirige, les canalise selon son ordre propre. La société close désignerait le monde des philosophes grecs comme Platon et Aristote, hantés, dans leur philosophie politique par le schème organiciste.

Au contraire, la « société ouverte » distingue le naturel du conventionnel, l'humain du divin, donne leur pleine part d'expression aux individus et à leurs « différences », pratique systématiquement l'esprit critique, récuse tout dogme intangible, toute autorité inviolable, ne connaît qu'une vérité en perpétuelle refonte ou rectification. Dans un cas, clôture sur un tout mutilant et stérile, dans l'autre, ouverture sur des parties se fécondant mutuellement.

Contraste sommaire, quelque peu réducteur et artificiel que l'auteur n'est pas sans reconnaître, mais qui sert sa thèse : dénoncer le totalitarisme, rattaché, selon lui, à une tradition aussi ancienne et aussi jeune que notre civilisation, contre laquelle il veut combattre. *Misère de l'historicisme* avait ouvert la voie en 1944. Toute visée scientifique d'une prophétie historique, qu'elle soit issue de la Bible, d'Héraclite, de Platon de Hegel ou de Marx a été récusée et réprouvée. *La Société ouverte et ses ennemis* continue sur la même voie, en engageant peut-être plus personnellement son auteur qui assigne à sa démarche, dès l'Introduction, plus de « modestie », mais aussi plus d'engagement personnel ! Socrate, dans *Misère de l'historicisme* est placé sous la rubrique de « l'ingénieur opportuniste »[1] qui sait tirer parti de ses erreurs, les

---

1. Popper, *Misère de l'historicisme*, p. 69 et 89.

rectifier et se laisse instruire par elles, à la différence de
« l'ingénieur utopiste » (Platon), trop épris de « global », de
totalité, de systématicité implacable.

Le premier est « scientifique », l'autre pas. Socrate sait
« combien peu il sait ». En cela est sa force. Sa méthode
comme son attitude apparaissent marquées par l'humilité, le
souci de progresser par des questions et réponses « inquiètes »,
c'est-à-dire perpétuellement en mouvement, sans crainte du
changement. Socrate est une sorte d'essayiste qui s'est refusé,
par éthique philosophique, à figer sa science dans un carcan
totalisant, comme tel « utopiste », hors lieu et hors temps. Il a le
sens de « l'essai », de l'hypothèse provisoire qu'est au fond
toute théorie ou toute réponse à un problème. Il ne tombe
pas dans la « mythologie » du savoir totalisant, universel, et
définitif comme son disciple Platon.

La « sophocratie » platonicienne n'est pas du goût de
Popper, ni l'élitisme inégalitaire qu'il dit en dériver. Son éducation, comme sa théorie de la justice sont jugées « totalitaires » car ne prenant pas en compte l'individualité, asser-
vissant tout à la question de l'intérêt de l'État. Ne serait bon
que ce qui favoriserait l'unité, la cohésion, l'ordonnancement
hiérarchisé des forces sociales, l'immobilisme etc. La théorie
du philosophe-roi du livre V de la *République* irrite Popper,
qui y voit un dessein personnel de son auteur, qui servirait sa
propre promotion : le philosophe-roi n'est autre que Platon lui-
même ! Néanmoins, Popper reconnaît à Platon « une vraie
grandeur »[1], qui ne réside pas dans ses spéculations abstraites,
mais « dans la richesse de ses observations et dans l'étonnante
pénétration de son intuition de sociologue ». Le sociologue
Platon a vu, par exemple, l'importance de l'économie dans la
vie politique, préparant la voie au « matérialisme historique »
de Marx ! Ce n'est pas le lieu ici d'examiner la valeur, la

---

1. Popper, *La société ouverte et ses ennemis*, I, p. 42.

pertinence ou non de tels rapprochements présentés avec la plus totale assurance.

L'on retiendra surtout l'idéalisation de Socrate et la diabolisation de son disciple, symptômes à elles seules d'une philosophie soucieuse de défendre la cause d'une démocratie égalitaire. Socrate sert à Popper d'emblème pour une éthique et une politique éprises de partage, d'égalité, d'esprit critique, hostile à l'érudition (celle de certains sophistes ou de certains présocratiques). Socrate incarne un modèle de sagesse, de vertu, et de science non « aristocratiques », ouvertes, en droit du moins, à tous – jeunes et vieux, riches et pauvres, hommes et femmes –, destinées à rectifier les mœurs autant qu'à modifier le savoir. Le « taon de la cité » n'a rien écrit. Il n'est pas suspecté de théorie arrêtée, destinée au commentaire infini de savants herméneutes. Il a laissé une parole vivante, captée par des disciples plus ou moins fidèles, plus ou moins soucieux de laisser leur marque propre lors de la transmission de la parole strictement orale du Maître d'Athènes. Cela vaut pour les contemporains de Socrate comme ses successeurs. Est-ce un hasard si l'analyse poppérienne se fonde souvent sur l'interprétation aristotélicienne de Platon – notamment pour la théorie des Formes ou des Idées – ce qui à soi seul est un objet de discussion, d'investigation, voire de polémique ? Cela excède ici le propos, mais pose bien sûr question.

En revanche, il plaît à Popper de s'arrêter à la transmission de l'enseignement socratique à l'esclave du *Ménon* platonicien parce qu'elle sert son dessein : le théorème de Pythagore est accessible, si on sait l'y conduire, à « un esclave sans instruction » et illustre la conception du « véritable savoir », qui ne passe pas, selon Socrate – ni Platon du reste –, par un spécialiste. Le savoir extrinsèque peut avoir quelquefois son utilité de circonstance, mais le « véritable savoir » est celui qui développe la mémoire, l'intelligence, l'esprit critique et inventif de l'élève. L'éducation[1] pour Socrate et Platon n'est-elle pas, avant tout, de l'ordre de la conversion de l'âme plus que de l'engorgement d'un savoir non assimilé, car non assimilable ?

Popper critique sévèrement « l'aristocratisme » platonicien et exempte Socrate de ce travers. Mais les « sages » pour l'un et pour l'autre, le Maître et le disciple, ne le sont pas naturellement, sans effort, sans souffrance, sans répétition douloureuse de l'exercice critique. Il n'est que de relire les pages du *Théétète*[2] sur la maïeutique socratique et les échecs qu'elle connaît parfois, quand des esprits se lassent de la purification courageuse qu'exige le savoir comme l'attitude philosophiques. Socrate reconnaît non sans nostalgie, sans doute, que certains ne sont pas faits pour la philosophie. Le Platon de la *République* VII[3] dresse le même constat.

On n'échappe pas chez les deux philosophes à la question de la sélection, qui n'a rien à voir avec l'aristocratie de naissance. Les « meilleurs » (*aristoi*) sont ceux qui ont « mérité » de l'être, selon l'épreuve longue et lente des années de formation. Ils savent que la tâche est à reprendre sans cesse. Il est si facile, en effet, de régresser sur la voie de la science et de la sagesse ! L'ignorance et l'oubli en sont les pôles négatifs. La vigilance critique – Popper a raison – ne peut ni ne doit être mise en sommeil, sous peine de régresser ou de sombrer dans ce que l'on veut éviter : les situations ou régimes mortifères, privatifs de liberté, menaçant pour la vie. Si l'on n'y prend garde, la démocratie peut se muer en insigne tyrannie, la liberté se faire licence, l'égalité devenir aveugle et sans exigence. Grâce à Socrate, Platon n'a de cesse de le réaffirmer. Quoiqu'on dise ou veuille, Socrate fait que Platon « demeure un de nos contemporains »[4].

1. Platon, *La République*, VII, 518 d.
2. Platon, *Théétète*, trad. fr. A. Diès, Paris, Les Belles Lettres, 1965, 148 e-151 d et 210 b-d.
3. Platon, *La République*, VII, 535 a-541 a.
4. Popper, *La société ouverte et ses ennemis*, I, p. 160.

TABLE DES MATIÈRES

QU'EST-CE QUE LA DÉMOCRATIE ?

FONDEMENT ET DEVENIR DE LA DÉMOCRATIE 7
   Les mots, l'histoire, et la réalité................................ 7
   Eunomia et *isonomia*, conditions de la *dèmokratia* ... 11
   Périclès : « le siècle d'or de la démocratie » ?............. 16

ÉVALUATION DE LA DÉMOCRATIE....................................... 25
   La démocratie : un bon ou un mauvais régime ?......... 25
   Deux constitutions-mères ou une constitution
   mixte ? 31
   Démocratie et historicité...................................... 34

DIFFICULTÉS ET APORIES 39
   Anciens et Modernes : rupture ou filiation ?............. 39
   République et démocratie : souveraineté et gouver-
   nement... 46
   La démocratie, un gouvernement trop parfait ?......... 51
   Vox populi, vox Dei ?.. 57
   Liberté et égalité, valeurs incompatibles ?............... 66

TEXTES ET COMMENTAIRES

TEXTE 1 : ALEXIS DE TOCQUEVILLE, *De la démocratie en Amérique*, t. II, partie IV, chap. VI 75

COMMENTAIRE : QUEL AVENIR POUR LA DÉMOCRATIE ? 78

    Le sociologue-prophète 79

    Nouveauté des mots, nouveauté de « l'état social » ... 82

    Noblesse et « esprit du temps » 89

    L'Indien d'Amérique et le noble européen 93

    Les leçons de l'Amérique 95

    Douceur ou violence de la démocratie à venir ? 104

TEXTE 2 : KARL POPPER, *La société ouverte et ses ennemis*, t. I, chap. 7 105

COMMENTAIRE : SOCRATE, EMBLÈME DE LA DÉMOCRATIE ? .. 108

    Les « ennemis » de la « société ouverte » 109

    Quel Socrate ? 113

    Une défense de la démocratie ? 116

    Actualité et Antiquité 120

    Par delà le « clos » et « l'ouvert » ? 121

TABLE DES MATIÈRES 127

Imprimerie de la Manutention à Mayenne – Octobre 2005 – N° 308-05

Dépôt légal : 4ᵉ trimestre 2005

Imprimé en France